Anna Breitsameter | Isabel Buchwald-Wargenau | Stefan Dirr | Dagmar Giersberg
Ines Haelbig | Susanne Schindler | Leonore Spiegel

MOMENTE B1.2

DEUTSCH ALS FREMDSPRACHE

Arbeitsbuch
PLUS INTERAKTIVE VERSION

— AUSGABE DTZ —

Hueber Verlag

Der Verlag weist ausdrücklich darauf hin, dass im Text enthaltene externe Links vom Verlag nur bis zum Zeitpunkt der Buchveröffentlichung eingesehen werden konnten. Auf spätere Veränderungen hat der Verlag keinerlei Einfluss. Eine Haftung des Verlags ist daher ausgeschlossen.

Das Werk und seine Teile sind urheberrechtlich geschützt. Jede Verwertung in anderen als den gesetzlich zugelassenen Fällen bedarf deshalb der vorherigen schriftlichen Einwilligung des Verlags.

Eingetragene Warenzeichen oder Marken sind Eigentum des jeweiligen Zeichen- bzw. Markeninhabers, auch dann, wenn diese nicht gekennzeichnet sind. Es ist jedoch zu beachten, dass weder das Vorhandensein noch das Fehlen derartiger Kennzeichnungen die Rechtslage hinsichtlich dieser gewerblichen Schutzrechte berührt.

3.	2.	1.		Die letzten Ziffern
2029	28 27 26	25		bezeichnen Zahl und Jahr des Druckes.

Alle Drucke dieser Auflage können, da unverändert, nebeneinander benutzt werden.
1. Auflage
© 2025 Hueber Verlag GmbH & Co. KG, München, Deutschland
Umschlaggestaltung: Sieveking Agentur, München
Layout und Satz: Sieveking Agentur, München
Verlagsredaktion: Timea Thomas, Nikolin Weindel und Elisa Klüber (Digitale Redaktion),
GPSR-Kontakt: Hueber Verlag GmbH & Co. KG, Baubergerstraße 30,
80992 München, kundenservice@hueber.de
Druck und Bindung: PASSAVIA – Druckservice GmbH & Co. KG,
Medienstraße 5b, 94036 Passau, info@passavia.de
Printed in Germany
ISBN 978-3-19-041793-3

Wegweiser

LEKTION – AUFBAU

Abwechslungsreiche Übungen zu
- **W** Wortschatz, **G** Grammatik und
- **K** Kommunikation, Partneraufgabe

Aussprache, Sprechen, Schreiben und Mediation

Grammatik entdecken

MODULENDE – AUFBAU

Wiederholung und interlinguale Mediation

Test zu den vier Fertigkeiten

Fokus Beruf

DTZ-Prüfungstraining (vier Seiten)

ANHANG – AUFBAU

Binnendifferenzierende Aufgaben

Lernwortschatz

Lösungen zu den Fertigkeitentests

drei 3

Inhalt

MODUL 5

13	**Tauben, meine Lieblingstiere!**	**6**
	ÜBUNGEN	6–9
	Aussprache: Betonung bei mehrteiligen Konjunktionen	8
	Schreiben: Einen Beitrag zu einem Podcast über Wölfe schreiben (Forum)	9
14	**Hast du dich schon beworben?**	**10**
	ÜBUNGEN	10–13
	Schreiben: Die Arbeitsweise eines Sprachbots als Liste präsentieren (Liste)	10
	Aussprache: Betonung und Pausen bei Relativsätzen	12
	Schreiben: Ein Bewerbungsschreiben in Partnerarbeit erstellen (Textnachrichten, Anschreiben)	13
15	**Perfekte Partnerschaft!?**	**14**
	ÜBUNGEN	14–17
	Aussprache: Englische Verben	16
	Schreiben: Eine Film-/ Serien-Kritik verfassen (Onlinerezension)	16

Modulende:
WIEDERHOLUNG	18
TEST Schreiben, Hören, Sprechen, Lesen	20
FOKUS BERUF Vorstellungsgespräch (I)	22
PRÜFUNGSTRAINING DTZ Quiz, Lesen 3	24

MODUL 6

16	**Zwar nervig, aber wichtig**	**28**
	ÜBUNGEN	28–31
	Aussprache: Deutliche Aussprache	28
	Schreiben: Einen Beitrag zum Thema *Lottogewinn* schreiben (Forum)	30
	Schreiben: Tipps zur Finanzierung von Reisen geben (Chat)	31
17	**Wenn Wände sprechen**	**32**
	ÜBUNGEN	32–35
	Schreiben: Einen Kommentar zu einer Kulturveranstaltung schreiben (Forum)	32
	Aussprache: Gendergerechte Aussprache	35
18	**Was ist Ihre Rolle?**	**36**
	ÜBUNGEN	36–39
	Aussprache: Die Nasale *m, n, ng, nk*	37
	Schreiben: Einen Podcast über Placebos zusammenfassen (Textnachricht)	37

Modulende:
WIEDERHOLUNG	40
TEST Schreiben, Sprechen, Lesen, Hören	42
FOKUS BERUF Vorstellungsgespräch (II)	44
PRÜFUNGSTRAINING DTZ Lesen 4, Sprechen 3	46

MODUL 7

19	**Mein Zeugnis wurde anerkannt.**	**50**
	ÜBUNGEN	50–53
	Aussprache: Diphthonge und andere Vokalverbindungen	51
	Schreiben: Tipps zum Thema *Praktikum im Ausland* zusammenfassen (Textnachricht)	53

20 Man braucht nur kurz nachzudenken. — 54
ÜBUNGEN — 54–57

Schreiben: Einen Artikel zum Thema *Fake News* zusammenfassen (Textnachricht) — 54
Aussprache: Laut-Buchstaben-Beziehung *f, v, w, ph, pf* — 55

21 Schule neu denken — 58
ÜBUNGEN — 58–61

Schreiben: Vorschläge für eine Aktivität machen und sich am Ende einigen (Chat) — 58
Schreiben: Einen Beitrag (Vor- und Nachteile) zur Digitalisierung in Schulen schreiben (Forum) — 60
Aussprache: Wortakzent: Komposita und Fremdwörter — 61

Modulende:
WIEDERHOLUNG — 62
TEST Sprechen, Lesen, Hören, Schreiben — 64
FOKUS BERUF Vorstellungsgespräch (III) — 66
PRÜFUNGSTRAINING DTZ Hören 3, Lesen 5 — 68

MODUL 8

22 Ein politisches Leben — 72
ÜBUNGEN — 72–75

Schreiben: Einen Beitrag zu einem Zitat von Goethe schreiben (Forum) — 72
Aussprache: Neueinsatz am Silbenanfang — 74

23 Was wäre passiert, wenn …? — 76
ÜBUNGEN — 76–79

Aussprache: Umlaute — 78
Schreiben: Vorschläge für eine Reise / einen Ausflug machen und sich einigen (Chat) — 79

24 Wahnsinn, wie die Zeit vergeht! — 80
ÜBUNGEN — 80–83

Aussprache: Lautverbindungen mit [k] — 83
Schreiben: Ein (Geburtstags)Gedicht schreiben (Gedicht) — 83

Modulende:
WIEDERHOLUNG — 84
TEST Lesen, Schreiben, Hören, Sprechen — 86
FOKUS BERUF Auf Zu-/ Absagen reagieren — 88
PRÜFUNGSTRAINING DTZ Hören 4, FAQs, Bewertung, Tipps — 90

Übungen zur Binnendifferenzierung — 94
Lernwortschatz — 106
Unregelmäßige Verben — 131
Lösungen zu den Fertigkeitentests — 137

13 Tauben, meine Lieblingstiere!

1 Spannende Zahlen. Kreuzen Sie an. KB 2

2,5 cm ...
wächst ein Baby durchschnittlich pro Monat.

Lena Warum wird das Baby mit der Flasche ☒ gefüttert ○ getrunken (1)? Das ist doch ○ angeblich ○ auffällig (2) ungesund. 😷

Niko Manche sind wirklich ○ Meister ○ Gewinner (3) darin, andere zu kritisieren. Für viele Eltern ist es normal, den ○ Nachwuchs ○ Sohn (4) so zu ernähren. Und: ○ Versuche ○ Besuche (5) haben gezeigt, dass die Babys trotzdem gesund sind. 😉

35 % ...
der Chefs in Deutschland sind Frauen.

Nabil Zum Glück ist es heute ○ selbstverständlich ○ logisch (6), dass Frauen Karriere machen. Das ○ Verhalten ○ Verhältnis (7) von Männern und Frauen liegt in vielen Firmen bei 50 %.

TamiS Es ist ○ wunderbar ○ erstaunlich (8), aber wahr: Nicht überall sind Frauen in der Arbeitswelt ○ gemeinsam ○ gleichberechtigt (9). Und: Es gibt viele ○ Vorurteile ○ Vorteile (10) gegen Karrierefrauen.

60 000 km ...
segelt man beim *Ocean Race*.

Scott Wow! So weit und so schnell! Was für eine ○ Entfernung ○ Erfahrung (11) und ○ Geschwindigkeit ○ Geduld (12)! Die Boote kann man nur durch die Farben und ○ Muster ○ Wunder (13) der Segel ○ unterscheiden ○ sehen (14).

Andy Was ist der ○ Zweck ○ Wunsch (15) des Wettkampfs? Ist es nicht gefährlich, wenn sich die Boote großen Schiffen ○ nähern ○ stellen (16)?

2 Rekorde in der Natur KB 2 — SPRECHEN

a Ergänzen Sie Wörter mit *-lang*.

1 Der australische Frosch *Cyclorana alboguttata* kann *jahrelang* schlafen. (Jahre)
2 Krokodile können _____ unter Wasser bleiben. (Stunden)
3 Kamele überleben _____, ohne zu trinken. (Wochen)
4 Die Monatserdbeere trägt _____ Früchte. (Monate)
5 Pinguine bleiben _____ mit ihrem Partner zusammen. (Leben)
6 Die Fregattvögel in Südamerika fliegen oft _____ ohne Pause. (Tage)

> Plural + *-lang*, z. B.:
> Jahr → jahrelang
> Woche → wochenlang
> ⚠ Leben → lebenslang

b Recherchieren Sie andere Naturrekorde. Schicken Sie Ihrer Partnerin / Ihrem Partner eine Sprachnachricht. Sie / Er reagiert und schickt Ihnen einen weiteren Naturrekord.

▶ [... können außerordentlich / erstaunlich gut ... Sie sind in der Lage, jahrelang / stundenlang zu ... Ist das nicht spannend / interessant?]

▶ [Wahnsinn! / Unglaublich! / Boah! Das hätte ich nie gedacht! ... haben besondere Fähigkeiten: Sie können ...]

Übungen 13

3 Lesen Sie und verbinden Sie dann.

Es gibt viele Vorurteile **sowohl** gegen Mäuse **als auch** gegen Ratten. Man sagt, sie …

Tauben sind **nicht nur** wunderschöne, **sondern auch** sehr kluge Vögel.

Spinnen sind **weder** hässlich **noch** gefährlich. Sie helfen uns …

Aaah!

1 sowohl *A* als auch *B*
2 weder *A* noch *B*
3 nicht nur *A*, sondern auch *B*

a *A* und *B*
b nicht *A* und nicht *B*

4 Haushaltstipps. Lesen Sie und ergänzen Sie die fehlenden Wörter.

Unsere Top-5-Haushaltstipps

a Essig ist das perfekte Reinigungsmittel *nicht nur* für den Wasserkocher, **sondern auch** für die Kaffeemaschine!

b Ihr Teppich ist schmutzig und _____ Staubsauger **noch** Bürste helfen? Probieren Sie es mit Shampoo!

c Gerüche im Kühlschrank? Da hilft **nicht nur** regelmäßige Reinigung, _____ ein Stück Apfel!

d Fensterreinigung: Geben Sie _____ für die Erst- **als auch** für die Zweitreinigung eine viertel Tasse Essig in 4 Liter Wasser!

e **Weder** saubere Handtücher _____ Küchenpapier im Haus? Verwenden Sie Zeitungspapier, um geputzte Fenster trocken zu reiben.

5 Interkulturelle Kommunikation

Verbinden Sie die Sätze mit *sowohl … als auch …; nicht nur …, sondern auch …* oder *weder … noch …*

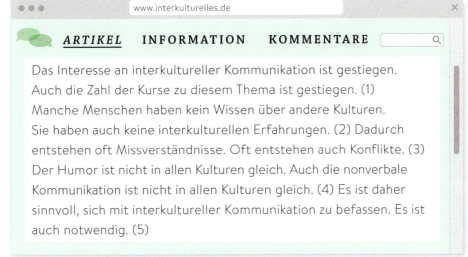

www.interkulturelles.de

ARTIKEL   INFORMATION   KOMMENTARE

Das Interesse an interkultureller Kommunikation ist gestiegen. Auch die Zahl der Kurse zu diesem Thema ist gestiegen. (1) Manche Menschen haben kein Wissen über andere Kulturen. Sie haben auch keine interkulturellen Erfahrungen. (2) Dadurch entstehen oft Missverständnisse. Oft entstehen auch Konflikte. (3) Der Humor ist nicht in allen Kulturen gleich. Auch die nonverbale Kommunikation ist nicht in allen Kulturen gleich. (4) Es ist daher sinnvoll, sich mit interkultureller Kommunikation zu befassen. Es ist auch notwendig. (5)

1. Sowohl das Interesse an interkultureller Kommunikation als auch die Zahl der Kurse zu diesem Thema sind gestiegen.

+ NOCH MEHR?

Seite 94

sieben 7

6 Im Meer, im Wald und im Garten KB 4

a Welches Tier ist das? Ordnen Sie mit Artikel zu.

◆ Delfin ◆ Eule ◆ Fuchs ◆ Hirsch ◆ Ratte ◆ Spinne ◆ Taube ◆ Tiger ◆ ~~Tintenfisch~~ ◆ Ziege

1 der Tintenfisch

◆ Meer ◆ Garten ◆ Wald ◆ Bauernhof ◆ Wüste

b Partneraufgabe: Beschreiben Sie ein Tier aus **a** in einer Textnachricht: Wo lebt es? Wie sieht es aus? Ihre Partnerin / Ihr Partner rät. Schreiben Sie dann, wie das Tier in anderen Sprachen heißt.

> Mein Tier lebt meistens im Meer. Es ist glatt und grau.

> Ist das ein Delfin?

> Ja! Auf Englisch heißt es „dolphin" und auf Finnisch „delfiini".
> Mein Tier lebt eher im … Es ist … Auf … heißt es …

7 Betonung bei mehrteiligen Konjunktionen KB 4 — AUSSPRACHE

a Hören Sie und achten Sie auf die Betonungen.

1 Ich mag weder Spinnen noch Schlangen.
2 Ich habe sowohl vor Spinnen als auch vor Schlangen Angst.
3 Ich habe nicht nur Angst vor Spinnen, sondern auch vor Schlangen.

b Hören Sie noch einmal, sprechen Sie mit und klatschen Sie die betonten Silben.

c Hören Sie und unterstreichen Sie die Betonungen. Lesen Sie dann den Text laut.

Delfine sind nicht nur wunderschön, sondern auch sehr sozial. Tintenfische sind sowohl klug als auch elegant. Tauben haben nicht nur eine super Orientierung, sondern auch lebenslange Beziehungen. Für mich ist daher logisch, dass ich seit zehn Jahren weder Fisch noch Fleisch esse.

Übungen

8 Finden Sie noch acht Adjektive und ordnen Sie drei passende zu. KB 4

schlau|ängstlichböserfrechcoolschönfleißigdummfaul

www.lebenmitbello.de

Mein Hund Bello lernt ziemlich langsam, weil er nicht besonders _schlau_ (1) ist. Eigentlich ist er sogar fast schon ein bisschen _____ (2). Er schläft auch ganz schön viel und bewegt sich ungern. Na ja, er ist halt schon ziemlich _____ (3). Außerdem nimmt er ständig Essen vom Tisch. Ja, ja, ich weiß, er ist auch ganz schön _____ (4). Aber ich liebe ihn trotzdem! 😍

9 Wölfe in Deutschland KB 5 — SCHREIBEN

a Hören Sie und ergänzen Sie den Steckbrief.

der Wolf

Zahl: in Europa ca. _15 000_ (1) Tiere
Natürliche _____ (2): keine
Lebensform: lebt in Gruppen mit _____ bis _____ (3) Tieren; die Gruppen bestehen aus Männchen, _____ (4) und Jungtieren
Größe: ca. _____ (5) cm hoch
Alter: wird ca. _____ (6) alt

Besonderheit: kann gut hören, sehen und _____ (7)
Ernährung: Fleisch von _____ (8) Tieren (z. B. Hasen, _____ (9), Wildschweinen), aber auch von Schafen, _____ (10), Pferden oder Kühen
Natürlicher Schutz: Esel und _____ (11)

b Lesen Sie die Forumsbeiträge und ordnen Sie zu.

bedeutet das, dass | dafür ein Beispiel nennen | du nochmal genauer erklären | fand besonders interessant
habe viel Neues erfahren | ich finde es scheußlich | ich nochmal nachfragen | mich war neu, dass
richtig verstanden, dass | ~~vielen Dank~~ | wirklich eine tolle Folge

NaturLiebe _Vielen Dank_ (1)! Das war _____ (2)!
Für _____ (3) es in Deutschland überhaupt Wölfe gibt.
Darf _____ (4), wo sie genau leben? Du hast gesagt, im Osten von Deutschland ... Kannst du _____ (5)?

Lexie Also, _____ (6), dass der Wolf Schafe und Kühe tötet. Das darf doch nicht passieren!

LeoM Vielen Dank, Luzie! Ich _____ (7). Ich _____ (8), dass Wölfe in einer Familie leben. Habe ich _____ (9) Wölfe Angst vor Lamas haben? Das ist ja verrückt! _____ (10) die Wölfe wirklich weglaufen, wenn sie ein Lama sehen? Und: Kannst _____ (11), warum sie dann keine Angst vor Kühen haben?

c Lesen Sie den Steckbrief in **a** noch einmal und schreiben Sie dann mit den Ausdrücken aus **b** einen eigenen Beitrag für das Forum.

14 Hast du dich schon beworben?

1 Eine neue Stelle: Was ist ganz wichtig für die Bewerbung? KB 2

Finden Sie noch sechs Nomen und lösen Sie das Rätsel.

recherche|zusageprobezeitanschreiben
unterlagenstellenanzeigelebenslauf

1 eine R e c h e r c h e machen und eine _____ suchen
2 einen tabellarischen _____ erstellen
3 ein _____ verfassen
4 die Bewerbung mit allen _____ an das Unternehmen schicken
5 eine _____ oder eine Absage bekommen
6 die _____ bestehen

_ _ e _ _ _ _ _ _ nicht vergessen!
1 2 3 4 5 6 7 8 9

2 Der Sprachbot KB 3 — SCHREIBEN

a Lesen Sie und kreuzen Sie an.

www.lingua-nova.net/sprachbot

SPRACHSCHULE LINGUA NOVA

So funktioniert der neue *Sprachbot* der Sprachschule *Lingua Nova*: Bestätigen Sie nach der ☒ Abfrage ○ Nachfrage (1) Ihrer Daten die allgemeinen ○ Funktionen ○ Datenschutzbestimmungen (2). Dann kann es losgehen. Das ○ Verhältnis ○ Verfahren (3) ist kinderleicht. Stellen Sie sich vor und der *Sprachbot* ○ kämpft ○ prüft (4) mit einem automatischen Interview Ihr Sprachniveau. Danach schreiben Sie einen Text über ein Thema. Ihr Ergebnis ○ weist darauf hin ○ hängt davon ab (5), wie abwechslungsreich Sie schreiben. Zum Schluss bekommen Sie eine Empfehlung für einen ○ allgemeinen ○ geeigneten (6) Kurs. ○ Akzeptieren ○ Erwarten (7) Sie diese Empfehlung oder vereinbaren Sie einen Termin mit einer Beraterin / einem Berater.

b Ihre Freundin Ragna möchte bei *Lingua Nova* einen Sprachkurs besuchen und dafür den Sprachbot aus **a** nutzen. Was muss sie beachten? Lesen Sie den Text in **a** noch einmal und erstellen Sie für Ragna eine Liste.

> 1. Daten eingeben
> 2. Datenschutzbestimmungen ...

Übungen

3 Relativsätze mit *was* und *wo* KB 4

a Beschreiben die **fetten** Wörter Sachen oder Orte? Markieren Sie.
Ergänzen Sie dann in der Regel *wo* und *was*.

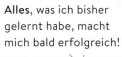

| 1 nichts, vieles, alles, das, etwas, einiges: _____ | 2 dort, überall, Orte, Länder: _____ |

b Ergänzen Sie die Sätze aus a.

Hauptsatz (Teil 1)	Nebensatz	Hauptsatz (Teil 2)
Es gibt einiges,	was ich gut kann.	
Alles,		macht mich erfolgreich!
Gibt es etwas,		
Es gibt viele Firmen,		
Dort,		ist es sehr glatt.

4 Leben und arbeiten in Deutschland KB 4

a Ergänzen Sie *was* oder *wo*.

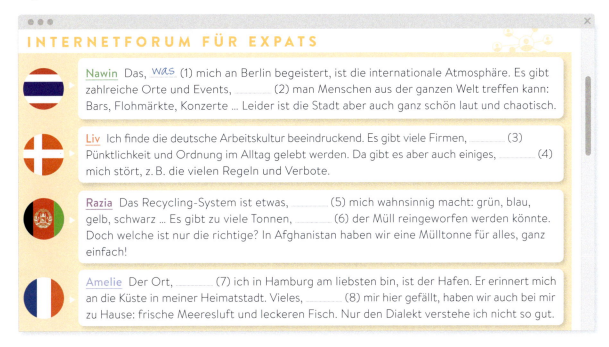

b Tipps und Ideen. Schreiben Sie Sätze mit *was* oder *wo*.

KOMMENTARE

1 So kompliziert ist die Mülltrennung gar nicht. In Deutschland gibt es viele Stellen, *wo man sich über Recycling informieren kann* (man kann sich über Recycling informieren), z. B. im Rathaus.
2 Keine Panik! Alles, _____ (man versteht nicht in der Arbeit), kann man die Kollegen oder den Chef fragen.
3 Wenn dir deine Stadt zu schmutzig ist, kannst du selbst aktiv werden. Es gibt einige Organisationen, _____ (man kann beim Müllsammeln mitmachen). So wird die Stadt wieder sauberer!
4 Grüß Gott? Moin? Wer das nicht versteht, kann zur Volkshochschule gehen, _____ (es gibt spezielle Dialektkurse)!
5 Doch manchmal gibt es etwas, _____ (man versteht nicht). Deshalb gibt es Online-Wörterbücher!

+ NOCH MEHR?
Seite 95

5 Betonung und Pausen bei Relativsätzen KB 4 — AUSSPRACHE

3 ◁)) 04 **a** Hören Sie und markieren Sie mit |, wo Sie Pausen im Satz hören. Hören Sie dann noch einmal und unterstreichen Sie die am stärksten betonten Silben.

1 <u>Das,</u>|was ich bei einer Bewerbung am wichtigsten finde, ist das Anschreiben.
2 Überall, wo ich mich bis jetzt beworben habe, gibt es eine Probezeit.
3 Das Unternehmen, wo ich am liebsten arbeiten würde, hat mir leider eine Absage geschickt.
4 Etwas, was ich schon seit Langem machen möchte, ist eine Weiterbildung.
5 In Berlin, wo ich seit drei Monaten lebe, bewerbe ich mich gerade als Lehrerin.
6 Vieles, was ich beruflich gelernt habe, hilft mir bei Bewerbungen und Vorstellungsgesprächen.

> Machen Sie bei einem Komma eine Pause. Verbinden Sie die Wörter in einem Teilsatz.
>
> **Das,** | was ich an meinem Beruf am **meis**ten liebe, | ist die Atmo**sph**äre.

b Sprechen Sie die Sätze in **a** mit den richtigen Pausen und Betonungen.

6 Ergänzen Sie mit Artikel und vergleichen Sie. KB 4

Atmosphäre Dialog ~~Funktion~~ Methode Qualifikation Struktur

Deutsch	Englisch	Andere Sprachen
1 *die Funktion*	function	
2	dialogue	
3	qualification	
4	structure	
5	method	
6	atmosphere	

Übungen 14

7 Das Anschreiben KB 7   SCHREIBEN

a Lesen Sie und ordnen Sie zu.

achte ich besonders darauf | außerdem bin ich sehr | beschäftige ich mich
bin davon überzeugt, dass | es macht mir große Freude | ~~Kenntnisse und Fähigkeiten einbringen~~
neue Herausforderung offen | persönlich kennenzulernen | positiven persönlichen Eindruck
selbstverständlich leicht | viele Erfahrungen gesammelt

Sehr geehrte Damen und Herren,

1 auf www.jobs-fuer-alle.com habe ich gesehen, dass Sie auf der Suche nach Pflegepersonal sind. Als motivierte Altenpflegerin möchte ich bei Ihnen gern meine *Kenntnisse und Fähigkeiten einbringen* (1) und weiterentwickeln. Ich _____ (2) ich gut in Ihr Unternehmen passe.

2 Während und nach meiner Ausbildung zur Altenpflegerin habe ich bei Praktika in unterschiedlichen Seniorenheimen _____ (3). Dabei habe ich gemerkt, dass ich den richtigen Beruf gewählt habe.

3 Als langjährige Altenpflegerin weiß ich, wie wichtig es ist, bei alten Menschen einen _____ (4) zu machen. Denn nur so kann man ihr Vertrauen gewinnen. Daher _____ (5), stets die Wünsche meiner Patientinnen und Patienten zu erfüllen. _____ (6), mich mit älteren Menschen zu beschäftigen und alles dafür zu tun, ihre Lebensqualität zu verbessern.

4 Ich bin für jede _____ (7). Es fällt mir _____ (8), im Team zu arbeiten. _____ (9) fleißig und geduldig. In meiner Freizeit _____ (10) gern mit dem Thema Gesundheit, ernähre mich gesund und treibe viel Sport.

Ich freue mich, Sie bei einem Vorstellungsgespräch bald _____ (11).

Mit freundlichen Grüßen
Angelina Ivanova

---

b Partneraufgabe: Sie möchten sich als Bürokraft bewerben. Lesen Sie die Stellenanzeige und beantworten Sie die Fragen 1–4 abwechselnd in einer Textnachricht. Orientieren Sie sich an den Formulierungen in **a**. Fügen Sie am Ende alle Antworten zu einem Anschreiben zusammen.

1 Warum bewerben Sie sich? Wovon sind Sie überzeugt?
2 Wo haben Sie schon Erfahrungen gesammelt?
3 Was ist Ihnen im Beruf wichtig?
4 Welche Kenntnisse / Fähigkeiten haben Sie?

> **Wir suchen ab sofort eine Bürokraft (m/w/d)**
> Wenn Sie
> → gern schreiben und telefonieren,
> → Erfahrung im Team haben,
> → zuverlässig sind und
> → 20 Std. pro Woche Zeit haben,
> bewerben Sie sich unter: **buerojob@topjob.de**!

dreizehn 13

15 Perfekte Partnerschaft?!

1 Filme KB 3

a Finden Sie noch sechs Adjektive und ordnen Sie dann die vier passenden Adjektive zu.

merkwürdig|enttäuschendsehenswertlangweilighumorvollgruseligklug

Als am späten Abend eine junge Frau in ein altes Schloss kommt, verhält sich der Schlossbesitzer sehr seltsam und _merkwürdig_ (1). Warum nur? Die Geschichte ist total spannend, aber auch unheimlich und _____ (2).

Dieser Film ist sehr lustig und _____ (3). Ich habe wirklich viel gelacht. Besonders witzig fand ich die Dialoge! Ich kann den Film total empfehlen! Er ist echt _____ (4)!

b Partneraufgabe: Beschreiben Sie einen Film wie in **a**. Schicken Sie eine Textnachricht an Ihre Partnerin / Ihren Partner. Sie / Er rät: Welches Genre ist der Film?

2 Hausarbeit KB 4

a Ergänzen Sie *lassen* in der richtigen Form.

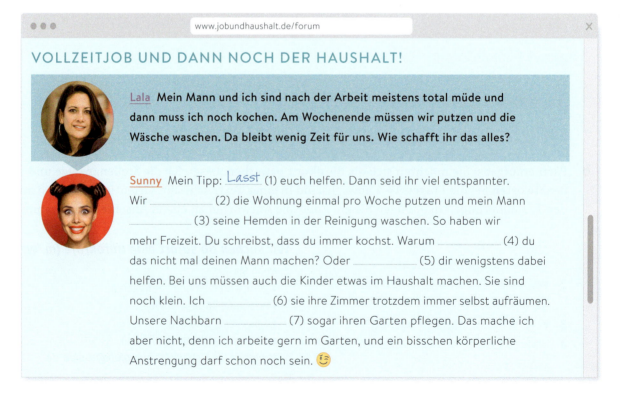

VOLLZEITJOB UND DANN NOCH DER HAUSHALT!

Lala Mein Mann und ich sind nach der Arbeit meistens total müde und dann muss ich noch kochen. Am Wochenende müssen wir putzen und die Wäsche waschen. Da bleibt wenig Zeit für uns. Wie schafft ihr das alles?

Sunny Mein Tipp: _Lasst_ (1) euch helfen. Dann seid ihr viel entspannter. Wir _____ (2) die Wohnung einmal pro Woche putzen und mein Mann _____ (3) seine Hemden in der Reinigung waschen. So haben wir mehr Freizeit. Du schreibst, dass du immer kochst. Warum _____ (4) du das nicht mal deinen Mann machen? Oder _____ (5) dir wenigstens dabei helfen. Bei uns müssen auch die Kinder etwas im Haushalt machen. Sie sind noch klein. Ich _____ (6) sie ihre Zimmer trotzdem immer selbst aufräumen. Unsere Nachbarn _____ (7) sogar ihren Garten pflegen. Das mache ich aber nicht, denn ich arbeite gern im Garten, und ein bisschen körperliche Anstrengung darf schon noch sein.

b Bilden Sie Haupt- oder Nebensätze mit *lassen*.

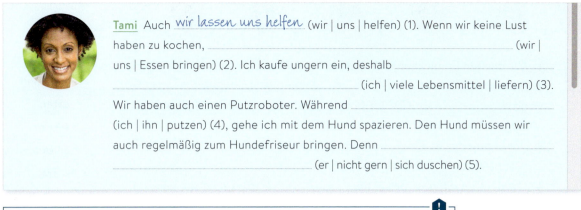

Tami Auch wir lassen uns helfen (wir | uns | helfen) (1). Wenn wir keine Lust haben zu kochen, _____ (wir | uns | Essen bringen) (2). Ich kaufe ungern ein, deshalb _____ (ich | viele Lebensmittel | liefern) (3). Wir haben auch einen Putzroboter. Während _____ (ich | ihn | putzen) (4), gehe ich mit dem Hund spazieren. Den Hund müssen wir auch regelmäßig zum Hundefriseur bringen. Denn _____ (er | nicht gern | sich duschen) (5).

+ **NOCH MEHR?** Seite 95

3 Lieblingsbücher. Lesen Sie und ordnen Sie zu. KB 7

Begründung   Darstellung   Entwicklung   Gedanken   Gefahr   ~~Intelligenz~~   Programmierung

www.lieblingsbuecher.org/forum

Lieblingsbücher

In *God's Kitchen* von Margit Ruile geht es um künstliche Intelligenz (1), die zu einer _____ (2) für die Menschheit wird. Die Hauptfigur Celine macht ein Praktikum in einem Institut, in dem Forschende an der _____ (3) eines humanoiden Roboters arbeiten. Eine Freundin hat sie zum Praktikum überredet, mit der _____ (4), dass sie gern mit ihr zusammenarbeiten möchte. Celine soll bei der _____ (5) des Computers *Chi* helfen. Doch schon beim ersten Gespräch mit *Chi* hat Celine den Eindruck, dass die Maschine ihre _____ (6) und Gefühle lesen kann …

Bücherratte Die _____ (7) der Gefahren von künstlicher Intelligenz fand ich super und sehr spannend. ★★★★★

4 Suchen Sie noch sieben Wörter und lösen Sie das Rätsel. KB 8

gefahr|streitsehnsuchtkriegkriseweisezornherzklopfen

1 Sehr schwierige Situation.
2 Gefühl, wenn man sehr wütend ist.
3 Gefühl, jemanden / etwas zu vermissen.
4 Bedrohliche Situation.
5 Körperliche Reaktion bei Aufregung.
6 Klug und mit viel Lebenserfahrung.
7 Kämpfe zwischen mehreren Staaten.
8 Intensive Diskussion mit Worten.

5 So zeigt man im Chat Emotionen. Ergänzen Sie in der richtigen Form. KB 8

1 😉   2 😍   3 🤗   4 😂   5 ❤️   6 👍

1 Mit diesem Emoji kannst du Witze machen und virtuell _flirten_ (1).
2 Du bist richtig _____ (2) und willst die Person ab sofort gern _____ (3)? Dann zeig deine Gefühle mit dem Herz-Augen-Emoji, das _____ (4)!
3 Verwende dieses Emoji, wenn du jemanden _____ (5) möchtest.
4 Mit dem Emoji, das vor Lachen _____ (6), zeigst du, dass du etwas total lustig findest.
5 Mit einem Herz zeigst du, dass du jemanden _____ (7). Du kannst damit andere Menschen _____ (8).
6 Mit dem Emoji zeigst du, dass du _____ (9), wenn sich jemand _____ (10) und etwas richtig gut gemacht hat.

beeindruckt sein
bemühen
daten
~~flirten~~
glücklich machen
küssen
lieb haben
umarmen
verlieben
weinen

6 Englische Verben KB 8 — AUSSPRACHE

a Klingen die **fetten** Vokale gleich oder verschieden? Hören Sie und schreiben Sie = oder ≠. Hören Sie dann noch einmal und sprechen Sie nach.

1 ch**a**tten = ch**e**cken
2 l**i**ken ___ interv**ie**wen
3 fl**i**rten ___ s**u**rfen
4 d**a**ten ___ m**ai**len
5 sh**o**ppen ___ j**o**ggen
6 p**o**sten ___ bl**o**ggen

b Hören Sie und achten Sie besonders auf die **Verben**. Lesen Sie die Texte dann laut.

> Sie **posten**, wir **liken** – wir haben eure Lieblingsstars **interviewt** und alle Infos **gecheckt**: Wo gehen sie am liebsten **shoppen**, wen **daten** sie, über was **bloggen** sie?

> Wir haben nach eurem liebsten Hobby gefragt, und ihr habt uns eure Antworten **gemailt**: im Internet **surfen**, **joggen**, mit Freunden **chatten**, auf Partys **flirten**. Sehr cool!

7 Mein Lieblings-Liebesfilm KB 8 — SCHREIBEN

a Lesen Sie und ordnen Sie zu.

einen Streit | ersten Blick | Film spielt | ~~geht es um~~ | gab es eine | unsterblich | viel weinen

www.wirliebenfilme.de

SPIELFILM | KOMÖDIE | TRAGÖDIE | DOKU | KRIMI | ANIMATION | ACTION | SERIE | SCI-FI | WESTERN

Im Film *Was man von hier aus sehen kann* aus dem Jahr 2022 _geht es um_ (1) Luise, die mit ihrer Oma auf dem Land lebt. Luises Oma kann im Traum vorhersehen, wenn jemand stirbt. Der _____ (2) in einer unbestimmten Zeit in der Gegenwart. In Luises Kindheit _____ (3) Krise. Seitdem hat sie Angst vor tragischen Ereignissen. Als junge Frau verliebt sie sich in Frederik. Es ist Liebe auf den _____ (4). Aber Frederik lebt eigentlich in Japan. Wird die Liebe trotzdem halten?
Viele Liebesgeschichten sind sehr ähnlich: Die Hauptfiguren verlieben sich _____ (5) ineinander. Dann gibt es _____ (6), doch am Ende wird wieder alles gut. Dieser Film ist anders. Einerseits macht er gute Laune, andererseits erinnert er uns daran, dass wir nicht unsterblich sind. Ich musste viel lachen, aber auch _____ (7). Ein wunderbarer, warmherziger Film mit vielen witzigen Dialogen, der mich wirklich beeindruckt und emotional bewegt hat.

Übungen 15

b Lesen Sie die Fragen. Unterstreichen Sie dann die passenden Sätze in **a**.

Handlung:
1 Worum geht es?
2 Was (ist) passiert?
3 Wann spielt der Film?

Bewertung:
4 Wie lässt sich der Film insgesamt bewerten?
5 Welche Gefühle und Emotionen ruft der Film hervor?

c Wählen Sie einen Film / eine Serie und beantworten Sie die Fragen in **b**. Schreiben Sie dann eine Kritik wie in **a**.

8 Komplimente KB 8 — SPRECHEN

a Lesen Sie und ersetzen Sie die **fetten** Satzteile durch andere Formulierungen.

| bleib, wie du bist | du bist so ein warmherziger Mensch | du beeindruckst mich |

du bist der netteste Mensch, den ich mir vorstellen kann | ~~du bist einzigartig~~ | habe so einen Respekt vor dir

A *Du bist einzigartig*
Alles Gute zum Geburtstag! ~~Auf der ganzen Welt bist nur du so~~ (1), weil es niemanden gibt, der so weise und humorvoll ist wie du. Ich glaube, **es gibt keine nettere Person** (2). Denn du bemühst dich immer sehr, anderen zu helfen. **Du solltest dich nicht ändern** (3)!

B Juhu! Ich habe das B1-Zertifikat bestanden!

Danke für die Glückwünsche! Du machst tolle Komplimente – **du bist so eine liebe Person** (4)!

Ich gratuliere dir. **Du faszinierst mich** (5)! 😄
Ich **bewundere dich total!** (6)

b Partneraufgabe: Was kann man sagen? Wählen Sie eine Situation und fragen Sie Ihre Partnerin / Ihren Partner. Sie / Er antwortet mit Vorschlägen.

- Freund/in hat die Führerscheinprüfung / das Abitur bestanden
- Freund/in hat bei etwas geholfen
- Freund/in macht ein Praktikum im Ausland
- Freund/in ist wegen eines Vorstellungsgesprächs / einer neuen Arbeitsstelle / eines Dates nervös
- Freund/in engagiert sich sozial
- …

▶ [Meine deutsche Freundin macht ein Praktikum in Afrika und ist ein wenig nervös. Deshalb möchte ich ihr Mut machen. Hast du eine Idee, was man in so einer Situation schreiben oder sagen könnte?]

▶ [Schreib zum Beispiel: Du beeindruckst mich, weil du so viel Mut hast. Ich habe so einen Respekt vor dir!]

WIEDERHOLUNG

1 Wie verliebte sich Fridoline in Fridolin?

Lesen Sie und ergänzen Sie noch drei passende Adjektive.

~~faul~~   fit   frech   humorvoll   klug   menschlich   merkwürdig   schlau

Zuerst dachte Fridoline: Der ist aber _faul_ (1)! Dann: Wie unhöflich und _____ (2)!
Danach fand sie Fridolin nur noch seltsam und _____ (3). Am Ende merkte sie aber:
Er ist eigentlich ziemlich lustig und _____ (4) – und verliebte sich in ihn.

2 Was gibt es oft im Leben?

Finden Sie noch fünf Gegenteile und lösen Sie das Rätsel.

1 Eltern ↔ …
2 Nähe ↔ …
3 Freund ↔ …
4 Sauberkeit ↔ …
5 Schüler ↔ …
6 Frieden ↔ …

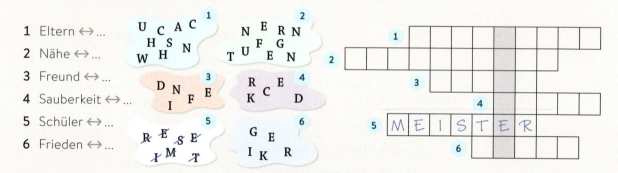

5: M E I S T E R

3 Tierfotos im Internet: Was machen die Tiere?

Finden Sie noch fünf Verben und ergänzen Sie in
der richtigen Form. Lösen Sie dann das Rätsel.

mögen | küssen | füttern | duschen | weinen | klopfen

Diese Tierfotos finde ich wirklich sehr
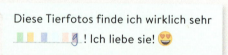 g___! Ich liebe sie! 😍

Trinkt die Ratte oder _____ (1) sie? Was denkt ihr?

Wow! Wie die weiße Ziege die andere m a g (2)!? ❤

Schaut mal: Die Eulen-Mama _____ (3) ihren Nachwuchs.

Der kleine Fuchs _____ (4) seine Mama. Wie süß! 🥰

Oje, _____ (5) die Taube wirklich gegen die Wand? Tut das nicht weh?

Der junge Hirsch schaut so traurig. 😟 Gleich _____ (6) er!

WIEDERHOLUNG

4 Audiotraining: *Wir haben so einen großen Respekt ...*

a Lösen Sie das Rätsel (1 Zahl = 1 Buchstabe).

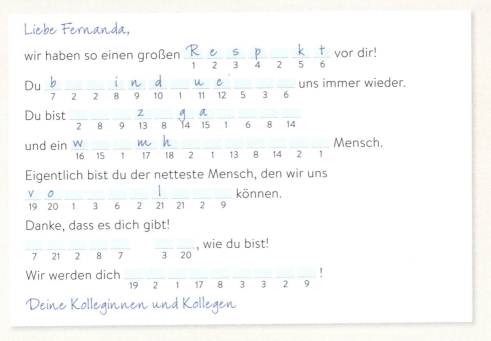

Liebe Fernanda,

wir haben so einen großen R e s p e k t vor dir!

Du b _ i n d _ _ u c _ _ _ uns immer wieder.

Du bist _ _ _ z _ g a _ _ _ _

und ein w _ _ m _ _ h _ _ _ Mensch.

Eigentlich bist du der netteste Mensch, den wir uns

v o _ _ _ _ _ l _ _ können.

Danke, dass es dich gibt!

_ _ _ _ _ _ _ _, wie du bist!

Wir werden dich _ _ _ _ _ _ _ _ !

Deine Kolleginnen und Kollegen

b Hören Sie, lesen Sie in **a** mit und sprechen Sie nach.

5 Audiotraining: *Der Film ist sowohl humorvoll als auch spannend.*

Hören Sie und sagen Sie es anders mit *sowohl ... als auch ...* und *weder ... noch ...*

6 Die perfekte Stellenausschreibung — SCHREIBEN

a Lesen Sie und kreuzen Sie an.

▶ Bei uns erwartet dich nicht nur ein angenehmes Arbeitsklima, ☒ sondern ○ als (1) auch ein attraktives Gehaltspaket, das ○ nicht nur ○ sowohl (2) finanzielle Sicherheit als auch die Anerkennung deiner Arbeit beinhaltet. Wir haben eine offene Unternehmenskultur. Es gibt nichts, ○ was ○ wo (3) du nicht ansprechen darfst. Du wirst Teil eines dynamischen Teams, das sowohl Erfahrung ○ sondern ○ als (4) auch frische Ideen einbringt, um gemeinsam Großes zu erreichen.

▶ Bei uns gibt es ○ nicht nur ○ weder (5) monotone Routine noch langweilige Büroarbeit! Du kannst dich ○ nicht nur ○ sowohl (6) auf einen modernen Arbeitsplatz freuen, sondern auch auf flexible Arbeitszeiten und tolle Homeoffice-Möglichkeiten!

▶ Bist du bereit, Teil einer Erfolgsgeschichte zu werden? Dann komm zu unserem Unternehmen, ○ was ○ wo (7) dich magische Kreativität erwartet! Wir freuen uns darauf, dich kennenzulernen!

b Ihre Freundin interessiert sich für die Stelle in **a**, ist sich aber nicht sicher, ob sie alles richtig verstanden hat. Übersetzen Sie die Anzeige schriftlich in die Sprache Ihrer Freundin.

> Not only will you find a pleasant working atmosphere with us, but also ...

TEST – SCHREIBEN, HÖREN

1 Mein Lieblingsfilm — SCHREIBEN

Lesen Sie den Blogbeitrag und den Kommentar. Schreiben Sie dann einen eigenen Kommentar mit drei Punkten über *Ihren* Lieblingsfilm.

www.filmfans.net

LIEBLINGSFILME

Mein absoluter Lieblingsfilm ist „Dr. Schiwago", ein fantastischer historischer Liebesfilm-Klassiker, den man gesehen haben muss!

In dem über 3-stündigen Film geht es um die Liebesgeschichte zwischen dem Arzt und Dichter Jurij Schiwago und der jungen Lara Antipowa. Der Film spielt während der russischen Revolution. Der Film gefällt mir besonders gut, weil die Hauptpersonen viele Herausforderungen meistern müssen und trotzdem bis zum Ende an ihrer Liebe festhalten.

Jetzt seid ihr dran: Was ist eigentlich euer absoluter Lieblingsfilm? Worum geht es im Film? In welcher Zeit spielt er? Warum findet ihr den Film fantastisch? Schreibt einen Kommentar!

Kommentare

In „Das Boot" geht es um die Erlebnisse und Schwierigkeiten der Mannschaft eines Kriegs-U-Bootes. Der Film spielt in der Zeit des Zweiten Weltkrieges. Der Film ist fantastisch, weil er eine spannende Handlung hat und die Schauspieler ihre Rollen wirklich toll und überzeugend spielen.

In … geht es um …

Der Film spielt in der Zeit von …

Der Film ist fantastisch, weil …

___ / 6 Punkte

2 Das Bewerbungsgespräch. Hören Sie und kreuzen Sie an. — HÖREN

 09

Der junge Mann spricht mit einer
○ Freundin ○ Kollegin ☒ Personalchefin (1).

Er hat sich beworben, weil ihm das
○ Unternehmen ○ Arbeitsklima ○ Gehalt (2) gefällt.

Er hat Erfahrung als ○ Hausmeister ○ Putzhilfe
○ Mechatroniker (3).

Er beschreibt sich als ○ humorvoll ○ engagiert
○ freundlich (4).

Er findet: Arbeitgeber sollten ○ ehrlich ○ streng
○ freundlich (5) sein.

Die Probezeit dauert ○ drei ○ sechs
○ zwölf (6) Monate.

Während dieser Zeit gibt es ○ null
○ zwei ○ vier (7) Tage Urlaub.

___ / 6 Punkte

TEST – SPRECHEN, LESEN

3 Was macht Ihnen besonders große Freude? — SPRECHEN
Lesen Sie die Fragen und notieren Sie Ihre Antworten. Erzählen Sie dann wie Dina von sich.

a Womit beschäftigst du dich in deiner Freizeit gern?
b Was macht dir besonders große Freude?
c Was findest du an deinem Hobby besonders bemerkenswert?
d Was fällt dir leicht?
e Was muss man außerdem über dich noch wissen?
f Wofür bist du besonders offen?

Hallo, ich bin Dina. In meiner Freizeit beschäftige ich mich gern mit Kunst. Es macht mir große Freude, Blumen und Bäume zu malen. Besonders bemerkenswert finde ich, dass ich die Natur so zeigen kann, wie ich sie sehe. Es fällt mir leicht, mit Farben zu arbeiten. Außerdem bin ich sehr kreativ. Ich bin für jede neue Herausforderung offen und lasse mich gern von anderen inspirieren.

/ 6 Punkte

4 Delfine. Lesen Sie und kreuzen Sie an: richtig oder falsch? — LESEN

www.tierischtierisch.net/delfin

Der Delfin
Ein außergewöhnliches Meerestier

Delfine sind geniale Schwimmer. Sie können sehr hohe Geschwindigkeiten erreichen.

Delfine leben in Gruppen von bis zu 100 Tieren in allen Weltmeeren. Sie ernähren sich vor allem von Fischen und kleinen Meerestieren. Sie werden bis zu 37 Jahre alt.

Delfine gelten als sehr intelligente Lebewesen. Sie haben ein ausgeprägtes Sozialverhalten, kommunizieren über Töne miteinander und können schwierige Probleme lösen. Sie erkennen sogar ihr eigenes Spiegelbild.

Delfine gehören ohne Zweifel zu den beeindruckendsten Meeresbewohnern. Es ist also wirklich sehr wichtig, die Weltmeere zu schützen, damit es auch in Zukunft Delfine gibt.

	richtig	falsch
a Delfine können gut und schnell schwimmen.	☒	○
b Sie leben am liebsten allein.	○	○
c Sie sind vor allem Vegetarier.	○	○
d Delfine leben in der Regel fast 40 Jahre.	○	○
e Delfine sind kluge, soziale Tiere.	○	○
f Sie „sprechen" ihre eigene Sprache.	○	○
g Die Tiere werden mit Sicherheit bald aussterben.	○	○

/ 6 Punkte

☺ 20 – 24 Punkte
😐 13 – 19 Punkte
☹ 0 – 12 Punkte

FOKUS BERUF – VORSTELLUNGSGESPRÄCH (1)

www.berufe-netz.com

MERLE WEISSEGGER 287 Kontakte

Projektmanagerin
Stuttgart

Über mich: Ich habe Internationales Projektmanagement studiert und auch schon mehrere Praktika in diesem Bereich gemacht. Gerade habe ich mich um meine erste „richtige" Stelle beworben. Ich hoffe, dass mein Bewerbungsvideo gut ankommt und ich zu einem Vorstellungsgespräch eingeladen werde. Ich bin schon gespannt!

1 Wer ist Merle Weißegger?
Arbeiten Sie in Gruppen. Was wissen Sie über Merle? Notieren Sie die wichtigsten Informationen aus Merles Profil und von den Aktionsseiten im Kursbuch, S. 84. Vergleichen Sie im Kurs.

2 Wir möchten Sie gern näher kennenlernen.
a Was ist richtig? Lesen Sie die E-Mail und kreuzen Sie die richtige Situation (1 oder 2) an.

1
○ Herr Kühnert lädt Merle zu einem Vorstellungsgespräch am 26. Oktober ein. Wenn der Termin für Merle passt, muss sie nichts weiter tun. Wenn sie an dem Tag keine Zeit hat, soll sie anrufen und einen anderen Termin vereinbaren.

2
○ Merle hat mit ihrem Bewerbungsvideo überzeugt und bekommt deshalb die Chance, sich persönlich bei der Firma vorzustellen. Sie soll Bescheid geben, ob der vorgeschlagene Termin für sie passt.

Sehr geehrte Frau Weißegger,

vielen Dank für Ihre Bewerbung und Ihr Interesse an der Stelle als Projektleiterin in unserem Unternehmen. Da uns Ihr kreatives Video sehr gut gefallen hat, möchten wir Sie gern näher kennenlernen und laden Sie zu einem persönlichen Gespräch ein.

Das Vorstellungsgespräch findet am 26.10. um 13:30 Uhr in unserer Agentur in Ulm statt (Rudolfstraße 19, zweite Etage). Um uns die Planung zu erleichtern, bitten wir Sie um eine kurze Bestätigung per E-Mail oder telefonisch bis zum 23.10. Sollte Ihnen der Termin nicht passen, können wir auch gern einen anderen Termin vereinbaren.

Die Fahrtkosten nach Ulm werden Ihnen selbstverständlich erstattet. Wir freuen uns auf Sie!

Mit freundlichen Grüßen
Sebastian Kühnert
Personalabteilung

b Wie könnten Sie auf die E-Mail in **a** antworten? Sammeln Sie Ideen im Kurs.

| Ich freue mich und komme gern zum Vorstellungsgespräch. | Können wir den Termin verschieben? | Es tut mir leid, aber am 26.10. habe ich leider keine Zeit. |

FOKUS BERUF – VORSTELLUNGSGESPRÄCH (1)

3 Vielen Dank für die Einladung.

a Welches Thema 1–3 passt zu den Antworten? Ordnen Sie zu.

1 einen Termin bestätigen 2 einen Termin absagen 3 um eine Verschiebung bitten

Sehr geehrter Herr Kühnert,
vielen Dank für Ihre Einladung zum Vorstellungsgespräch.

○ Ich habe mich sehr darüber gefreut und bestätige gern den Termin am 26.10. um 13:30 Uhr. Sollte sich kurzfristig noch etwas am Termin ändern, erreichen Sie mich unter der Telefonnummer 0150 368 3908. Ich freue mich darauf, Sie persönlich kennenzulernen.

○ Leider kann ich den Termin am 26.10. aus privaten Gründen nicht wahrnehmen. Wäre es möglich, den Termin zu verschieben? Würde bei Ihnen vielleicht ein Termin am 27. oder am 28.10. passen? Zeitlich bin ich an diesen beiden Tagen ganz flexibel und richte mich gern nach Ihnen. Ich danke Ihnen für eine kurze Rückmeldung.

○ Ich freue mich sehr über Ihr Interesse, allerdings habe ich mich inzwischen schon für das Angebot eines anderen Unternehmens entschieden. Deshalb muss ich meine Bewerbung leider zurückziehen und kann an dem Termin nicht teilnehmen. Vielen Dank für Ihr Verständnis.

Mit freundlichen Grüßen
Merle Weißegger

b Welche Formulierungen bedeuten das Gleiche? Unterstreichen Sie in a.

Ich kann nicht kommen.   Ich habe eine andere Stelle angenommen.
Ich komme sehr gern zum Termin.

4 Eine Antwort schreiben

a Arbeiten Sie zu dritt: Lesen Sie die E-Mail und schreiben Sie drei Antworten: Nehmen Sie die Einladung an, lehnen Sie sie ab und bitten Sie um eine Verschiebung.

Sehr geehrte/r …,
vielen Dank für Ihre Bewerbung und Ihr Interesse an unserem Unternehmen. Ihre Bewerbung hat uns sehr überzeugt, deshalb möchten wir Sie gern zu einem persönlichen Gespräch einladen: am 14.06. um 11:00 Uhr. Bitte geben Sie uns eine kurze Rückmeldung, ob Sie den Termin wahrnehmen können. Wir freuen uns darauf, Sie persönlich kennenzulernen.

Mit freundlichen Grüßen
Diana Haase, Personalabteilung

b Tauschen Sie mit einer anderen Gruppe und geben Sie sich gegenseitig Feedback

○ Hat die E-Mail eine passende Anrede und einen passenden Schluss?
○ Wird gesagt, dass die Person zum Gespräch kommen kann, und wenn nicht, warum?
○ Ist der Text höflich geschrieben?

PRÜFUNGSTRAINING DTZ

1 Die Prüfungsseiten für den *DTZ* in *Momente*

a Bearbeiten Sie die Aufgaben.

1 In welcher Reihenfolge sind diese Seiten im Arbeitsbuch? Sortieren Sie.
- ⬡ Fokus Beruf
- ⬡ Prüfungstraining
- ⬡ Test
- ⬡ Wiederholung

2 Lesen Sie die Sätze und ergänzen Sie.

a Im Arbeitsbuch B1.2 gibt es _____ Mal ein *DTZ*-Training.
b Insgesamt gibt es _____ *DTZ*-Trainingsseiten.
c Auf Seite 91 werden _____ Fragen zum *DTZ* beantwortet.

2   8   6   4   16

3 Wie sehen die Tipps im *DTZ*-Training aus? Kreuzen Sie an.

a Lesen Sie vor dem Hören immer die Aussagen.

b a Welche Überschrift passt? Lesen und ordnen Sie zu.

c LESEN 4

4 Wo finden Sie die Vorbereitung auf die Prüfungsteile? Verbinden Sie.

1 Hören 4   a Seite 25
2 Lesen 3   b Seite 48
3 Lesen 5   c Seite 70
4 Sprechen 3   d Seite 90

5 Was bedeutet *Markieren Sie ...*? Verbinden Sie.

1 Bei *Vorbereitung* und allgemein in *Momente*.

a Ausflug in den Rosengarten Wann?

b 1 ☐ richtig ☒ falsch 1

2 Bei *In der Prüfung* und im *DTZ*.

c 1 Frau Meier will heute Abend Kuchen backen.

d Text passen zu den unterstrichenen Wörtern in der Aufgabe? gleichen Farben im Text und vergleichen Sie die Informationen.

6 Lesen Sie die Situationen. Wo finden Sie auf den Seiten 91–93 passende Informationen? Notieren Sie.

a Sie fragen sich, wie viele Punkte man beim *DTZ* bekommen kann. Seite _____
b Sie möchten wissen, was dieses Zeichen 🛑 in der Prüfung bedeutet. Seite _____
c Sie sind neugierig, welche Erfahrungen andere bei der Vorbereitung auf den *DTZ* gemacht haben. Seite _____
d Sie packen Ihre Tasche und sind plötzlich unsicher, was Sie zur Prüfung mitbringen müssen. Seite _____

b Vergleichen Sie die Lösungen zu zweit.

1. 3, 4, 2, 1; 2. a 4, b 16, c 6; 3. a; 4. 1d, 2a, 3c, 4b; 5. 1c, 2b; 6. a S.92, b S.91, c S.93, d S.91

PRÜFUNGSTRAINING DTZ

1 Vorbereitung

LESEN 3

a Welche Informationen im Text passen zu den <u>unterstrichenen</u> Wörtern in der Aufgabe? Unterstreichen Sie in den gleichen Farben im Text und vergleichen Sie die Informationen. Kreuzen Sie dann an: *richtig* oder *falsch*.

1 Die <u>Leute</u> im <u>Haus</u> wollen den <u>Garten</u> <u>hübscher</u> <u>gestalten</u>. ○ richtig ○ falsch
2 Man <u>sucht</u> noch eine <u>Person</u>, die <u>Blumen</u> <u>kauft</u>. ○ richtig ○ falsch
3 Das <u>Essen</u> <u>bezahlt</u> <u>Clemens</u> <u>Brooks</u>. ○ richtig ○ falsch

---

Wir machen unseren Garten schöner – gemeinsam!

Wir finden: Unser Garten sollte schöner werden, damit wir alle gern dort Zeit verbringen. Deshalb möchten wir am ersten Samstag im Mai einen Arbeitstag im Garten veranstalten – mit der ganzen Hausgemeinschaft! Wir hoffen, dass sich viele von euch Zeit nehmen und kommen, um zu helfen. Wir wollen aufräumen, Müll entsorgen, kaputte Fahrräder reparieren, den Spielplatz für die Kinder sauber machen, Bäume schneiden und Blumen pflanzen. Die Blumen dafür besorgt Tilly Seidel aus dem vierten Stock. Vielen Dank dafür!

Nach der Arbeit werden wir noch gemeinsam in unserem sauberen Garten grillen. Dafür brauchen wir Bratwürste, Grillkäse und Brötchen.

Wer kann das einkaufen? Bitte melden bei Clemens Brooks in der zweiten Etage. Die Kosten teilen wir! Und auch über einen oder zwei Kuchen freut sich die Hausgemeinschaft ganz sicher. Wer hat Lust zu backen? Bitte auch eine Info an Clemens.

Kommt alle! Wir freuen uns auf einen schönen Tag mit euch!

> Bei der richtig/falsch-Aufgabe kann es auch nur um ein kleines Detail des Textes gehen. Es muss nicht immer eine allgemeine Aussage zum Text sein. Lesen Sie hier genau und achten Sie auf die unterstrichenen Wörter.

b Lesen Sie die Aufgaben und die Auswahlmöglichkeiten genau. Welche Informationen sind wichtig? Unterstreichen Sie sie in zwei weiteren Farben. Suchen Sie dann die passenden Stellen im Text in **a** und unterstreichen Sie auch dort. Kreuzen Sie dann an: a, b oder c.

4 Die Bewohnerinnen und Bewohner
   a bringen ihr Essen selbst mit.
   b treffen sich zuerst alle bei Clemens.
   c sollen Kuchen zubereiten und mitbringen.

> Lesen Sie a. Wenn Sie sicher sind, dass a nicht richtig ist: Streichen Sie den Satz durch. Lesen Sie dann nacheinander b und c. Streichen Sie den falschen Satz durch und kreuzen Sie den richtigen an.

5 Beim Arbeitstag im Garten
   a sollen auch Reparaturen durchgeführt werden.
   b pflanzen die Bewohnerinnen und Bewohner auch Bäume.
   c wird der Spielplatz neu gestaltet.

2 In der Prüfung

LESEN 3

Lesen Sie die drei Texte. Zu jedem Text gibt es zwei Aufgaben. Entscheiden Sie bei jedem Text, ob die Aussage *richtig* oder *falsch* ist und welche Antwort (a, b oder c) am besten passt. Markieren Sie Ihre Lösungen auf dem Antwortbogen.

Bitte beachten: Neue Öffnungszeiten

Hiermit möchten wir unsere Kundinnen und Kunden informieren, dass wir in unserer Bäckerei ab sofort geänderte Öffnungszeiten haben. Weil wir nicht genug Personal haben, können wir leider nicht mehr am Sonntagvormittag für Sie öffnen. Die Öffnungszeiten am Samstag verändern sich aber nicht: Da sind wir weiterhin von 8 bis 13 Uhr für Sie da. Von Montag bis Freitag werden wir früher als bisher schließen. Statt bis 20 Uhr haben wir nur noch bis 18 Uhr geöffnet.
Die Veränderungen tun uns sehr leid und wir bitten um Ihr Verständnis.

Und noch eine Information: Wir suchen dringend ab sofort eine Verkäuferin oder einen Verkäufer für unsere Bäckerei, am liebsten in Vollzeit.
Aber es ist auch Arbeit in Teilzeit oder als Aushilfe möglich. Melden Sie sich bei Interesse gern direkt in der Bäckerei. Wenn wir neues Personal eingestellt haben, können wir hoffentlich auch wieder längere Öffnungszeiten für Sie anbieten.

---

1 Die Öffnungszeiten der Bäckerei bleiben am Wochenende gleich. *richtig / falsch*?

2 Die Bäckerei
  a öffnet an Wochentagen früher.
  b möchte gern wieder länger geöffnet haben.
  c braucht unbedingt eine/n neue/n Bäcker/in.

Liebe Gastfamilie,

noch einmal vielen Dank, dass Sie eine Schülerin oder einen Schüler aus Spanien für einen Monat bei sich aufnehmen. Heute teilen wir Ihnen wichtige Informationen mit.

Unsere ausländischen Schülerinnen und Schüler kommen am Freitag, 1. Oktober, nachmittags am Flughafen Leipzig / Halle an. Die genaue Zeit teilen wir Ihnen sofort mit, wenn wir sie wissen. Vermutlich wird es gegen 15 Uhr sein. Bitte holen Sie Ihren Gast am Flughafen ab und bringen Sie sie oder ihn nach Hause.

Am ersten Wochenende sollten Sie mit Ihrem Gast gemeinsam etwas machen, sich kennenlernen und ihr oder ihm die Stadt und das Stadtviertel zeigen, in dem Sie wohnen.
Am Montag, 4. Oktober, startet für Ihren Gast die Schulzeit in Deutschland mit einem Einführungstag. Dazu bekommen Sie bald weitere Informationen.

Wenn Sie Fragen haben, können Sie sich natürlich jederzeit bei mir und meinem Team melden.

Mit freundlichen Grüßen
Bente Eberson
vom Team Internationaler Austausch

3 Bente Eberson informiert über die Ankunft der Gäste.
richtig / falsch?

4 Was sollen die Gastgeber in den ersten Tagen mit dem Gast tun?
  a Zeit mit ihr / ihm verbringen.
  b Den Flughafen zeigen.
  c Über den Einführungstag informieren.

Mittagessen: Wechsel des Anbieters

Sehr geehrte Eltern,

mit diesem Aushang möchten wir Sie darüber informieren, dass wir zum nächsten Schuljahr den Anbieter des Mittagessens in unserer Schule wechseln werden.

Dieser Schritt ist nicht einfach für uns, weil wir schon sechs Jahre mit *Lucky Meal* zusammenarbeiten. Leider ist die Qualität in den letzten zwei Jahren aber immer schlechter geworden. Viele Familien haben uns berichtet, dass ihre Kinder nicht mehr gern in der Schule zu Mittag essen, weil es ihnen nicht mehr schmeckt.

Nun möchte *Lucky Meal* die Preise für das Mittagessen erhöhen. Wir vermuten, dass dann noch weniger Familien ihre Kinder zum Essen anmelden wollen. Deshalb werden wir den Anbieter wechseln.

Wir haben einen neuen Anbieter gefunden: Unsere Schule wird ab dem nächsten Schuljahr von der Firma *HappyFood* mit Mittagessen versorgt. Das ist ein lokaler Anbieter, der mit viel Qualität kocht. Ein Essen kostet 4,00 Euro. Wir hoffen, dass die Kinder dann wieder zufriedener mit ihrem Mittagessen sind und wieder gern in der Schule essen.

Mit freundlichen Grüßen
die Schulleitung

---

5 Die Schulleitung sucht einen neuen Anbieter für das Mittagessen.
richtig / falsch?

6 Der Anbieter *Lucky Meal*
  a will das Essen teurer machen.
  b existiert seit sechs Jahren.
  c kocht nicht mehr für Kinder.

16 Zwar nervig, aber wichtig

1 Willkommen bei der *Super-Bank!* KB 2

a Lösen Sie das Rätsel und finden Sie das Lösungswort.

1 W E R T

1 Summe eines Geldscheins, z. B. 5 Euro.
2 Karte, mit der man im Geschäft bezahlen kann.
3 Geliehenes Geld, das man zurückzahlen muss.
4 Zahlenkombination für Anrufe ins Ausland.
5 Ort für das eigene Geld auf der Bank.
6 Gerät zum Abheben von Bargeld.
7 Dieses zusätzliche Geld bekommt man von der Bank, wenn man spart.
8 Münzen oder Geldscheine beim Bezahlen.
9 Das Schicken von Geld zu einem anderen Konto.
10 Ratschläge am Bankschalter.

b Ergänzen Sie die passenden Wörter aus **a**.

Willkommen bei der *Super-Bank*! Lassen Sie sich von unseren Finanzexperten beraten und verwirklichen Sie Ihre finanziellen Wünsche! Eröffnen Sie zu unseren Öffnungszeiten am Schalter – oder jederzeit online – ein _____ (1). Heben Sie mit unserer kostenlosen *Kreditkarte* (2) an allen _____ (3) rund um die Uhr _____ (4) ab. Wenn Sie die Karte mal verlieren sollten, können Sie sie mit einem Klick schnell sperren lassen. Auch für Sparerinnen und Sparer sind wir perfekt: Wir zahlen mehr _____ (5) als jede andere Bank!

2 Deutliche Aussprache KB 2

AUSSPRACHE

a Was wird deutlicher ausgesprochen? Hören Sie und kreuzen Sie an. Hören Sie dann noch einmal und sprechen Sie nach.

1 Hildesheim a ☒ b ○
2 Graupner   a ○ b ○
3 Juni   a ○ b ○
4 2 3 8 1   a ○ b ○

b Hören Sie und sprechen Sie die Antworten mit den betonten Wörtern langsamer und lauter.

Übungen 16

SPRECHEN

3 Sicher ist sicher! KB 3

a Was passt? Kreuzen Sie an.

---

www.verbraucherzentrale.org/FAQs

Versicherungen: Fragen und Antworten

F: Auf welchem ☒ Gebiet ○ Hinweis (1) liegt der Fokus Ihrer Verbraucherzentrale?
A: Unsere Verbraucherzentrale beschäftigt sich ○ selten ○ grundsätzlich (2) mit verschiedenen finanziellen Themen, aber unser Fokus liegt auf Versicherungen aller Art. Wenn Ihr ○ Gast ○ Vermieter (3) z. B. will, dass Sie einen Schaden in der Wohnung bezahlen, sagen wir Ihnen, welche Versicherung die Kosten dafür übernimmt.

F: Warum soll ich überhaupt Versicherungen abschließen?
A: Sie brauchen Versicherungen, um finanzielle Risiken zu reduzieren. Wenn Sie etwas ○ beschädigen ○ beeindrucken (4), also einen Schaden ○ vergessen ○ verursachen (5), zahlt die ○ Sozialversicherung ○ Haftpflichtversicherung (6). Es gibt aber Ausnahmen: Bei ○ Absicht ○ Zufall (7) zahlt die Versicherung nichts.

F: Wie ○ melden ○ finanzieren (8) sich Versicherungen?
A: Als Kunde bezahlen Sie monatlich oder jährlich einen Beitrag. Die Höhe hängt vom Risiko ab.

F: Was sollte man beachten, bevor man eine Versicherung abschließt?
A: Sie sollten die Bedingungen genau durchlesen und ○ nachsehen ○ nachfragen (9), wenn Sie etwas nicht verstanden haben, z. B.: Welche Risiken werden übernommen? Welche Schäden sind ausgeschlossen?

F: Welche Versicherungen hat man automatisch, wenn man ○ angestellt ○ eingestellt (10) ist?
A: Angestellte sind automatisch in der ○ sogenannten ○ wirklichen (11) Sozialversicherung. Dazu gehören Kranken-, Renten- und Arbeitslosenversicherung.

---

b Partneraufgabe: Lesen Sie den Text in **a** noch einmal und schicken Sie Ihrer Partnerin / Ihrem Partner eine Sprachnachricht mit den wichtigsten Punkten.

[Wir haben doch neulich über Versicherungen gesprochen. Jetzt habe ich eine interessante Website gefunden. Da steht, dass … und …]

4 Sätze mit je …, desto … KB 5

a Tipps rund ums Geld. Ordnen Sie zu.

~~höher~~   klüger   mehr   ruhiger   schneller

1 Je _höher_ das Risiko ist, desto größer ist der Gewinn.
2 Je stabiler die Finanzen sind, desto _____ kann man schlafen.
3 Je mehr man spart, desto _____ kann man reich werden.
4 Je _____ man verdient, desto mehr Steuern muss man zahlen.
5 Je _____ man mit Geld umgeht, desto weniger Sorgen hat man.

In Sätzen mit je …, desto … werden A und B ☒ verglichen ○ getauscht (1). Nach je und desto stehen immer
○ Superlative (+++ am besten)
○ Komparative (++ besser) (2).
Das konjugierte Verb steht im je-Satz am
○ Ende ○ Anfang (3) und im desto-Satz
○ vor ○ nach (4) dem Komparativ.

b Markieren Sie die Verben in **a** und kreuzen Sie dann in der Regel an.

5 So bleibst du gesund. Schreiben Sie Sätze mit *je ..., desto ...* KB 5

a Du stehst früh auf. Dein Morgen ist entspannt.
b Du trinkst viel Wasser. Deine Haut ist schön.
c Du lächelst oft. Deine Stimmung ist positiv.
d Du machst regelmäßig Sport. Du bist fit.
e Du isst viel Gemüse. Du fühlst dich gut.

> a. Je früher du aufstehst, desto entspannter ist dein Morgen.

6 *Entweder ... oder ... und zwar ..., aber ...* KB 6

a Arbeit oder Luxus? Lesen Sie und verbinden Sie.

1 **Entweder** kochen Sie zu Hause
2 **Zwar** ist ein Abendessen im Restaurant teurer,
3 Sie können also **entweder** Luxus genießen
4 Luxus ist **zwar** schön,

a **aber** nicht alle haben genug Geld dafür.
b **oder** Geld sparen.
c **oder** Sie gehen in Ihr Lieblingsrestaurant.
d **aber** man muss nicht kochen und abspülen.

b Lesen Sie die Sätze in **a** noch einmal. Ergänzen Sie dann und kreuzen Sie an.

> *Entweder ... oder* und *zwar ..., aber* verbinden zwei Hauptsätze. Wenn man zwischen A und B wählen soll, benutzt man _entweder ... oder_ (1). Soll auf einen gegenteiligen Punkt hingewiesen werden, wird _____ (2) verwendet. *Entweder* und *zwar* können am Anfang oder ○ in der Mitte ○ am Ende (3) stehen, *oder* und *aber* nur am ○ Anfang ○ Ende (4).

7 Verbinden Sie die Sätze mit *entweder ... oder* und *zwar ..., aber.* KB 6

a Man kann ein neues Handy sofort bezahlen.
  Alternative: Man nimmt dafür einen Kredit auf.
b Mit Krediten kann man sich Wünsche schnell erfüllen.
  Man macht dann auch Schulden.
c Schulden kann man zurückzahlen. Das dauert ziemlich lang.
d Man muss das Geld schnell zurückzahlen.
  Alternative: Man bezahlt mehr Zinsen.

> a. Man kann ein neues Handy entweder sofort bezahlen oder man nimmt ...

8 Der Lottogewinn KB 6 — SCHREIBEN

a Ergänzen Sie *entweder ... oder ...; je ..., desto ...* und *zwar ..., aber ...*

> **$Neureich$** Ich habe im Lotto gewonnen. 🤑 Damit ich nicht bald wieder arm bin, wollte ich euch um Rat fragen. Was würdet ihr denn mit so einem Lottogewinn machen?
>
> **Lili_182** Glückwunsch @$Neureich$! Du kannst _entweder_ ein Haus kaufen _oder_ (1) zum Beispiel ein eigenes Unternehmen gründen. Dann ist das Geld gut investiert!
>
> **ChrissiW** Also ich habe da eine klare Meinung. _____ mehr Geld man gewonnen hat, _____ (2) großzügiger sollte man sein und andere finanziell unterstützen. Du kannst dir _____ auch etwas Schönes wie ein tolles Auto kaufen, _____ (3) es gibt so viele Menschen, die Hilfe brauchen.
>
> **Gerti53** Das ist ja super, @$Neureich$! Ich habe gerade ein Start-up gegründet und brauche noch Geldgeber_innen. Vielleicht hast du ja Interesse? _____ schneller ich mein Produkt auf den Markt bringe, _____ (4) höher sind die Chancen auf große Gewinne. Überleg's dir! 😉
>
> **JanG** Ist doch ganz einfach: _____ kann man Träume verwirklichen _____ (5) man kann das Geld nutzen, um weniger zu arbeiten oder ein Sabbatical zu machen. Gar nicht mehr zu arbeiten, klingt _____ toll, _____ (6) auf Dauer ist es vielleicht doch zu langweilig. 🤪

b Was würden Sie mit einem Lottogewinn machen? Schreiben Sie einen Beitrag wie in **a**.

Übungen 16

9 Beim Fahrradhändler. Schreiben Sie Sätze.

a Fahrrad kaufen, Fahrrad leihen (entweder, oder)
b Fahrrad teurer, mehr Geld brauchen (je, desto)
c mieten teurer als kaufen, Reparaturen inklusive (zwar, aber)
d klassisches Fahrrad wählen, E-Bike wählen (entweder, oder)
e mieten viele Vorteile haben, Vertrag gut prüfen sollen (zwar, aber)

a. Man kauft entweder ein Fahrrad oder man leiht ein Fahrrad.

+ NOCH MEHR?
Seite 96

10 Die große weite Welt – Reisen ohne Geld — SCHREIBEN

a Ergänzen Sie.

Gebiet | ~~jeweils~~ | Lärm | Möglichkeiten | sogenannte | so viel | weiterkommst | wertvoll

Abdul99 Der Sommer kommt und ich will verreisen, aber ich bin Student und habe deshalb wenig Geld. 😮 Habt ihr irgendwelche Tipps? Wo bekommt ihr _jeweils_ (1) Infos zu diesem Thema? 😣

MäggiL Hey Abdul! Ich bin zwar keine Expertin auf diesem _____ (2), aber hast du schon mal was von *Crowdfunding* gehört? Da kannst du deine Reise online vorstellen und die Leute können Geld spenden. Eine Freundin hat das mal gemacht und _____ (3) ich weiß, funktioniert es ganz gut. Für sie war die Erfahrung jedenfalls sehr _____ (4).

Traveller Vielleicht sind _____ (5) *Work & Travel*-Agenturen etwas für dich. Die organisieren Reisen, auf denen du unterwegs jobbst. So finanzierst du deine Reise und lernst außerdem Land und Leute kennen. Ich kenne mich leider nicht so gut aus, aber im Netz findest du darüber jede Menge Infos.

Reisefee33 Ciao Abdul. Ich bin gerade auf Weltreise und so dankbar, dass ich das machen kann! Es gibt natürlich viele _____ (6). Ich habe einen Kredit für Studierende aufgenommen, bei dem die Zinsen ziemlich niedrig sind. Man muss einige Formulare ausfüllen. Das ist zwar nervig, aber es lohnt sich. 😄 Wenn ich dir helfen kann, melde dich einfach bei mir.

Mariposa Bei *TravelTheWorld* kannst du dich über Reiseförderungen, Stipendien oder Reiseprogramme informieren. Ich arbeite dort. Wenn du nicht _____ (7), ruf mich gern an. Wundere dich aber nicht über den _____ (8) im Hintergrund. In meinem Büro telefonieren zehn Leute ohne Pause. 😄

b Wie finanzieren Sie Reisen? Welche Tipps haben Sie für Abdul? Schreiben Sie einen Chat-Beitrag wie in **a**.

Ich ..., damit ich Reisen finanzieren kann. Soviel ich weiß, kann man auch ... und ... Zu diesem Thema kannst du dich bei ... informieren. Wenn du nicht weiterkommst, kannst du dich gern nochmal melden.

17 Wenn Wände sprechen

1 Kunst vor der Haustür KB 3 — SCHREIBEN

a Lesen Sie das Programm und kreuzen Sie an.

www.sandheim-aktuell.de

VERANSTALTUNGSPROGRAMM

AUSSTELLUNGS-ERÖFFNUNG

Am 5. 7. um 18 Uhr wird in der ☒ *Galerie* ○ *Praxis* (1) *Kunterbunt* die Ausstellung *Bunte Stadt* eröffnet. Der Künstler Fabian Froh, bekannt unter dem ○ *Pseudonym* ○ *Profil* (2) *Farbenfroh*, lebt und arbeitet hier in Sandheim. „Auch in kleinen Städten ○ *dominieren* ○ *realisieren* (3) die Farben Schwarz, Braun und Grau", sagt er. „Das ist nicht gut für die ○ *Seele* ○ *Geduld* (4)." Seine neuen ○ *Werke* ○ *Aufgaben* (5) zeigen deshalb ○ *farbige* ○ *dunkle* (6) Gebäude, z. B. die Altstadt in Gelb- und Grüntönen.
Eintritt: 5 € (ein Glas Wein inklusive)

PROJEKT

Beim Projekt *Schule macht Kunst* haben Schülerinnen und Schüler der *Michael-Ende-Schule* auf mehreren ○ *Flächen* ○ *Größen* (10) im Stadtpark ○ *fantasievolle* ○ *begeisterte* (11) Bilder zum Thema *Gemeinsam in Sandheim* ○ *erlaubt* ○ *erstellt* (12). Das Projekt hat den Preis „○ *Automatische* ○ *Demokratische* (13) Schule" bekommen. Nun laden die ○ *Senioren* ○ *Teenager* (14) zum Kunst-Spaziergang ein.
Wann: 6. Juli, 14:30 Uhr; Eintritt: 3 € (wird für die Sozialstation gespendet)

THEMENABEND

„Kunst ist ○ *politisch* ○ *poetisch* (7)" – unter diesem Motto steht der Themenabend am Freitag, 7. 7., im Stadthaus. Zuerst hält Prof. Charu Singh von der Universität Berlin einen interessanten Vortrag zum Thema „Die Klima- ○ *katastrophe* ○ *komödie* (8) in der aktuellen Kunst". Danach diskutiert er spannende Fragen mit Hülya Yilmaz, Leiterin des Stadtmuseums. Ein Thema ist: „Wie bekommt Kunst mehr Aufmerksamkeit in der ○ *Mehrheit* ○ *Öffentlichkeit* (9)?"
Beginn: 19 Uhr; Eintritt: kostenlos

GEFÜHRTER RUNDGANG

Seit 2020 malt ein ○ *anonymer* ○ *absoluter* (15) Künstler Street-Art auf öffentliche Gebäude. Ein Bild befindet sich z. B. am Gebäude der Stadt- ○ *verwaltung* ○ *versammlung* (16) von Sandheim. Es ist noch niemandem ○ *gelungen* ○ *bestanden* (17), ihn bei seiner Arbeit zu entdecken. Die Sandheimer haben ihm deshalb den ○ *Familiennamen* ○ *Spitznamen* (18) *Sandsky* gegeben. Am 8. Juli führt Sie der Street-Art-Experte Mick Schmitz zu *Sandskys* Bildern und erklärt, wie Verbote der Kunst schaden können und warum Sandheim mehr Raum für ○ *legale* ○ *gesellschaftliche* (19) Street-Art braucht.
Wann: 8. Juli, 10 Uhr; Treffpunkt: Rathaus

Sie interessieren sich für eine Veranstaltung? ○ Ausgezeichnet ○ Ausgeschaltet (20)! Diskutieren Sie **hier** *mit anderen Sandheimern und gehen Sie zusammen hin!*

b Lesen Sie die Kommentare zu den Veranstaltungen in **a** und ergänzen Sie auf S. 33.

beeindruckt mich | echt witzig | ehrlich gesagt | es total gut | etwas lehne | etwas Neues | geht hier um
halte ich | ich berührend | ich eigentlich | meinetwegen | sehen einfach | stört mich | ~~zum Nachdenken~~

Übungen 17

kunstfreund Die Aktion der Michael-Ende-Schule bringt mich _zum Nachdenken_ (1). Toll, dass sie das Eintrittsgeld spenden möchten. 👍 Das finde _____ (2)!

lenni_m Wow, tolles Programm! 😎 Es _____ (3), dass es in einer Kleinstadt wie Sandheim so ein Festival gibt! Ich finde _____ (4), dass man direkt vor der Haustür Kunst entdecken kann. Street-Art finde ich super und _____ (5). 🤔 Für mich ist das mal _____ (6). Ich werde auf jeden Fall an der Führung teilnehmen!

klara_98 Puh, ich habe schon ein Bild von diesem *Sandsky* am Bahnhof gesehen. 🙄 Das finde ich _____ (7) unmöglich. Es _____ (8), wenn überall in der Stadt diese verrückten Bilder an den Wänden sind. Sie _____ (9) nicht schön aus! Es _____ (10) ein soziales Problem: Niemand nimmt Rücksicht auf die anderen! 🤸

lenni_m @klara_98 Du bist echt intolerant, so _____ (11) ich ab. Komm doch mit zum Diskussionsabend im Stadthaus. Dort erfährst du, wie wichtig Kunst in der Öffentlichkeit ist.

klara_98 @lenni_m Diskussionsabend? Davon _____ (12) nichts. Aber _____ (13) können wir zusammen hingehen. Mehr Kultur finde _____ (14) schon in Ordnung.

c Partneraufgabe: Wählen Sie eine Aktion aus **a** und schreiben Sie einen Beitrag wie in **b**. Schicken Sie ihn an Ihre Partnerin / Ihren Partner.

2 Ergänzen Sie und vergleichen Sie. KB 4

Deutsch	Englisch	Andere Sprachen
a _miss_ verstehen	to **mis**understand	
b das _____ trauen	**mis**trust	
c _____ glaublich	**un**believable	
d die _____ ruhe	**un**rest	

3 *Indem* oder *sodass*? KB 4

Fridolin lernt Flöte, Fridoline gibt Ratschläge. Lesen Sie die Sätze und kreuzen Sie an.

Hauptsatz		Nebensatz	
		Position 2	Ende
1 Bereite dich auf die Stunden vor,	**indem**	du regelmäßig	übst.
2 Wähl einfache Lieder aus,	**sodass**	du die Motivation nicht	verlierst.
3 Spiel langsam,	**sodass**	du dich auf die Noten	konzentrieren kannst.
4 Nimm Rücksicht auf meine Ohren,	**indem**	du die Tür	zumachst!

Mit ○ *indem* ☒ *sodass* (1) gibt man eine Folge an, ○ *indem* ○ *sodass* (2) beschreibt, wie etwas gemacht wird. Nach *indem* und *sodass* folgt ein ○ Hauptsatz ○ Nebensatz (3). Verb und Modalverb stehen ○ an Position 2 ○ am Ende (4).

4 Tipps und Tricks. Ergänzen Sie *indem* und *sodass*. KB 4

Hola_Espana Hallo Leute, ich habe mich bei einer Firma in Madrid beworben. Wie kann ich schnell Spanisch lernen, *sodass* (1) ich mich mit meinen Kollegen unterhalten kann? Tipps? 🤔

PolygLotte Ich lerne Fremdsprachen am besten, _____ (2) ich Podcasts höre 🎧 und Serien anschaue. Du kannst auch die App-Einstellungen ändern, _____ (3) die Inhalte auf Spanisch sind.

Coco_C Also, ich habe im Winter nähen gelernt, _____ (4) ich mir Videos im Internet angeschaut habe. Viele waren auf Englisch, _____ (5) ich gleichzeitig auch mein Englisch verbessert habe. 👍

Zucchini_1 Hilfe!! Ich möchte meine Freundin beeindrucken, _____ (6) ich ein 3-Gänge-Menü zubereite. Wer kann mir zeigen, wie das geht, _____ (7) ich sie mal zum Essen einladen kann? ❤️

5 Wie kann man neue Leute kennenlernen? KB 4

a Ergänzen Sie mit *sodass* und *indem*.

1 Du kannst neue Kontakte knüpfen, *indem du dich im Sportverein anmeldest*. (Du meldest dich im Sportverein an.)

2 Du solltest lächeln und andere Leute grüßen, _____. (Du machst einen freundlichen Eindruck.)

3 Du kannst deine neuen Nachbarn kennenlernen, _____. (Du klingelst bei ihnen und stellst dich vor.)

4 Ist dir eine Person sympathisch? Dann gib ihr gleich deine Telefonnummer, _____. (Sie kann dich anrufen.)

b Partneraufgabe: Wie kann man neue Leute noch kennenlernen? Schicken Sie Ihrer Partnerin / Ihrem Partner zwei weitere Tipps.

➕ **NOCH MEHR?** Seite 97

6 Nachrichten. Ordnen Sie zu. KB 4

Anwalt | Benzin | Frucht | Gebäck | ~~Vegetarier~~

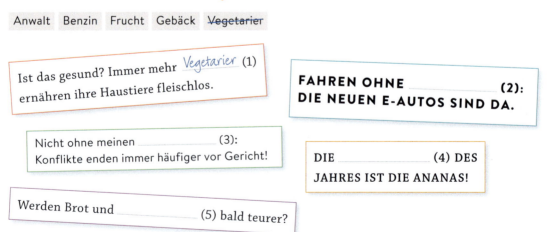

Ist das gesund? Immer mehr *Vegetarier* (1) ernähren ihre Haustiere fleischlos.

FAHREN OHNE _____ (2): DIE NEUEN E-AUTOS SIND DA.

Nicht ohne meinen _____ (3): Konflikte enden immer häufiger vor Gericht!

DIE _____ (4) DES JAHRES IST DIE ANANAS!

Werden Brot und _____ (5) bald teurer?

Übungen

7 Im Kunstatelier KB 5

Suchen Sie noch sieben Nomen und ergänzen Sie mit Artikel.

fotografie|skulpturgraffitimalergrafikzeichnungkünstleringemälde

1 die Fotografie
2
3
4
5
6
7
8

8 Gendergerechte Aussprache KB 5 — AUSSPRACHE

a Wo hören Sie eine kurze Pause im Wort? Hören Sie und ergänzen Sie |.
Hören Sie dann noch einmal und sprechen Sie nach.

1 Künstler|innen   2 Politikerinnen   3 Malerinnen   4 Lehrerinnen

> Künstler:innen / Künstler_innen / KünstlerInnen / Künstler*innen:
> Alle Personen sind gemeint → kurze Pause vor dem Vokal (Vokalneueinsatz)

b Hören Sie und sprechen Sie einmal ohne (1) und einmal mit (2) Vokalneueinsatz nach.

1 Es gibt nicht genug **Lehrerinnen** (1) / **Lehrer:innen** (2).
2 Zur Feier sind viele berühmte **Künstlerinnen** (1) / **Künstler:innen** (2) und **Musikerinnen** (1) / **Musiker:innen** (2) eingeladen.
3 **Politikerinnen** (1) / **Politiker:innen** (2) und **Ärztinnen** (1) / **Ärzt:innen** (2) tragen in ihrem Beruf viel Verantwortung.
4 Viele meiner **Kolleginnen** (1) / **Kolleg:innen** (2) wünschen sich mehr Flexibilität.

9 In der Kunstgalerie KB 5 — SPRECHEN

a Hören Sie und sortieren Sie die Bilder.

A    B    C

b Partneraufgabe: Wählen Sie ein Kunstwerk aus a. Hören Sie noch einmal und machen Sie Notizen. Schicken Sie dann die wichtigsten Punkte in einer Sprachnachricht an Ihre Partnerin / Ihren Partner.

- Wie heißt das Kunstwerk?
- Was ist es?
- Wie heißt die / der Künstler/in?
- Was erkennt man?

18 Was ist Ihre Rolle?

1 Notfälle KB 2

a Suchen Sie noch elf Nomen und ordnen Sie mit Artikel zu.

krankenhaus|patientnotaufnahmeschmerzmittelkrankenwagenstation
therapienotarztverletzungsprechstundeangehörigeop-saal

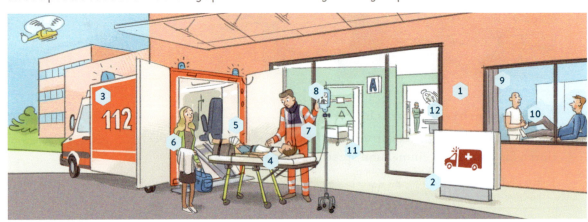

1	das Krankenhaus	5	_____	9	_____
2	_____	6	_____	10	_____
3	_____	7	_____	11	_____
4	_____	8	_____	12	_____

b Ergänzen Sie die Wörter aus **a**.

www.ratgeber-online.net/tipps

Bei vielen Erkrankungen kann man zum Hausarzt gehen. Wenn Ihnen etwas wehtut, können Sie erst einmal ein _Schmerzmittel_ (1) nehmen. Am Wochenende oder abends, wenn Ihr Hausarzt keine _____ (2) hat, erfahren Sie unter 116 117, welcher Arzt Bereitschaftsdienst hat. Bei wirklich dringenden Notfällen, wie z. B. bei einem Unfall mit einer schweren _____ (3) oder plötzlichen Herzproblemen, sollten Sie die Telefonnummer 112 wählen, um den _____ (4) zu rufen. Ein _____ (5) bringt Sie dann in die _____ (6) eines Krankenhauses. Dort werden Sie als _____ (7) untersucht, und es wird entschieden, welche Behandlung oder _____ (8) nötig ist. Bei schweren Krankheiten werden Sie im _____ (9) operiert und dann auf die _____ (10) gebracht, wo Sie sich erholen können.

c Partneraufgabe: Beschreiben Sie oder zeichnen Sie ein Wort aus **a**. Schicken Sie dann Ihrer Partnerin / Ihrem Partner eine Textnachricht. Sie / Er rät.

Man hat sich wehgetan und man sieht Blut. Was ist das? eine Verletzung

Übungen 18

2 Die Nasale m, n, ng, nk KB 2 — AUSSPRACHE

a Lesen Sie und **markieren** Sie m, n, ng und nk. Hören Sie dann und sprechen Sie nach.

1. Notfall – Wunde – anrufen – Schmerzmittel – Nummer – Medizin – Notaufnahme
2. Erfahrungen – lange – Verletzung – unbedingt – bringen – Onkel – Krankenwagen

b Hören Sie und achten Sie auf die Nasale. Lesen Sie das Gespräch dann laut.

○ Hast du Erfahrungen mit medizinischen Notfällen?
▫ Nein, aber mein Onkel arbeitet in einem Krankenhaus in der Notaufnahme.
○ Wie lange dauert es normalerweise, bis ein Notarzt oder Krankenwagen kommt?
▫ Das hängt davon ab. Auf dem Land dauert es länger als in der Stadt.
○ Welche Hilfe bekommt man dann bei einer Verletzung?
▫ Sie versorgen die Wunde und du bekommst ein Schmerzmittel.
○ Und sie bringen dich auch ins Krankenhaus, wenn das unbedingt nötig ist, stimmt's?
▫ Natürlich. Also merk dir die Nummer: Die 112 musst du anrufen.

3 Bewertungen. Lesen Sie und kreuzen Sie an. KB 4

www.die-besten.com

Mediklinikum Bad Bernau Klinik

★★★★★ Fiona23 bewertet vor 2 Tagen

Die beste Wahl für mich! Letztes Jahr habe ich an einem Burn-out ☒ gelitten ○ gestanden (1). Ich konnte den Stress in der Arbeit nicht mehr ○ leiden ○ aushalten (2). Der Aufenthalt in der Klinik hat mir sehr geholfen. Man bekommt nicht nur gute ○ medizinische ○ theoretische (3) Betreuung, sondern auch menschliche Wärme: Alle Mitarbeiter:innen ○ untersuchen ○ behandeln (4) die Patient:innen mit Respekt. Die Therapie mit viel Bewegung und Entspannungstraining war super. Ich habe u. a. gelernt, wie ich ○ bald ○ zukünftig (5) besser mit Stress umgehen kann.

4 Der Placebo-Effekt KB 4 — SCHREIBEN

a Hören Sie den Podcast. Umkreisen Sie die passenden Wörter.

- Placebos sind richtige / „falsche" (1) Medikamente, die trotzdem wirken.
- Bereits vor / Erst nach (2) dem Zweiten Weltkrieg forschte man mit Placebos.
- Placebos wirken immer / vor allem (3), wenn man an ihre Wirkung glaubt.
- Mit Placebos kann man viele / alle (4) Krankheiten erfolgreich behandeln.
- Ärzte verschreiben besonders oft / relativ selten (5) Placebos.
- Placebos helfen, die Wirkung von neuen Medikamenten zu verbessern / testen (6).
- Wenn man an ihre Wirkung glaubt, braucht man weniger / mehr (7) Medikamente, denn dann wirken sie besser.

b Ihr Freund Samu möchte mehr über den Placebo-Effekt wissen. Fassen Sie die Hauptpunkte des Podcasts aus a schriftlich zusammen und schreiben Sie, was Sie neu / interessant fanden.

> Im Podcast ging es um … / … sind besonders wichtig, weil … / Ich habe erfahren, dass … / Insgesamt kann man sagen, dass … / Ich wusste schon, dass … / Neu war für mich, dass … / Besonders interessant fand ich, dass …

5 Sätze mit nachdem

a Was passiert zuerst, was danach? Sehen Sie die Bilder an und ordnen Sie zu.

fahre ich zur Uni | ~~habe ich mir ein WG-Zimmer gesucht~~ | machten wir eine Party | ich aufgestanden bin
~~ich den Studienplatz bekommen hatte~~ | ich geduscht habe | ich in die WG eingezogen war | trinke ich Kaffee

Vorvergangenheit	Vergangenheit	Gegenwart / Zukunft
Plusquamperfekt	Perfekt/Präteritum	Präsens
1 Nachdem *ich den Studienplatz bekommen hatte*,	*habe ich mir ein WG-Zimmer gesucht* .	
2 Nachdem _____ ,	_____ .	
	3 Nachdem _____ ,	_____ .
	4 Nachdem _____ ,	_____ .

b Wo stehen die Verben in den Sätzen in **a**? Markieren Sie. Was ist der Unterschied zwischen den Verben in den *nachdem-* und in den Hauptsätzen?

6 Menkams erster Arbeitstag

Ergänzen Sie die Verben im *Präteritum* oder *Plusquamperfekt*.

Ich mache eine Ausbildung zum Krankenpfleger. Ich wusste lange nicht, was ich werden will. Aber nachdem ich ein Praktikum im Krankenhaus *gemacht hatte* (machen) (1), *wusste* (wissen) (2) ich, dass ich dort arbeiten will. Heute war mein erster Tag. Ich habe um 6 Uhr angefangen. Nachdem ich auf die Station _____ (kommen) (3), _____ sich die Kolleg_innen _____ (vorstellen) (4) und _____ (informieren) (5) mich über die Patient_innen. Nachdem ich mir alle wichtigen Informationen _____ (notieren) (6), _____ (beginnen) (7) der Dienst. Nachdem ich durch alle Zimmer _____ (gehen) (8) und die Patient_innen _____ (kennenlernen) (9), _____ (verteilen) (10) wir Medikamente. Danach gab es Frühstück. Nachdem das Essen auf die Station _____ (kommen) (11), _____ (bringen) (12) ich es in die Zimmer. Dann habe ich die Betten gemacht und Patient_innen zu Untersuchungen gebracht. Schließlich musste ich noch Büroarbeit erledigen. Nachdem ich alle meine Tätigkeiten _____ (aufschreiben) (13), _____ (kontrollieren) (14) eine Kollegin meine Dokumentation. Danach hatte ich Feierabend. Mein erster Tag war interessant, aber auch anstrengend.

Übungen 18

7 Mehmets Krankengeschichte. Schreiben Sie Sätze in der Vergangenheit mit *Nachdem* ... G KB 5

a Mehmet hat einen Unfall. → Ein Krankenwagen bringt ihn in die Notaufnahme.
b Ärzte operieren ihn am Bein. → Er kommt auf die Station.
c Er liegt einen Tag nur im Bett. → Er darf wieder aufstehen.
d Er hat dreimal Physiotherapie. → Er kann schon wieder auf dem kaputten Bein stehen.
e Er verlässt das Krankenhaus. → Er muss zwei Monate lang noch Krücken benutzen.

a. Nachdem Mehmet einen Unfall gehabt hatte, brachte ihn ein Krankenwagen in die Notaufnahme.

➕ **NOCH MEHR?**
Seite 98

8 Beim Arzt W KB 5 — SPRECHEN

a Welche Nomen passen? Ordnen Sie zu.

Grippe   Medikament   ~~Nase~~   Praxis   Rezept   Tropfen   Verband   Wunde

1 erkältet sein und sich die *Nase* putzen
2 in die _____ begleitet werden
3 ein _____ bekommen
4 einen _____ angelegt bekommen

5 ein _____ verschrieben bekommen
6 _____ nehmen
7 sich gegen _____ impfen lassen
8 eine _____ versorgt bekommen

b Partneraufgabe: Welche Situation aus **a** haben Sie schon einmal erlebt? Was ist dabei und danach genau passiert? Beschreiben Sie die Situation in einer Sprachnachricht und schicken Sie diese an Ihre Partnerin / Ihren Partner. Sie / Er schickt eine Sprachnachricht zu einer anderen Situation zurück.

▶ ━━━━━●━━━━━━━━━━
[Ich war erkältet und ging zum Hausarzt. Nachdem ich ein Medikament verschrieben bekommen hatte, bekam ich ein Rezept. Damit ging ich in die Apotheke und bezahlte das Medikament. Ich nahm es ein und legte mich ins Bett. Nachdem ich mich einige Tage ausgeruht hatte, war ich wieder gesund.]

WIEDERHOLUNG

1 Lösen Sie das Rätsel und finden Sie das Lösungswort.

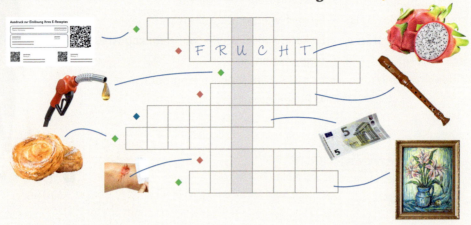

F R U C H T

Lösung: Die Oper war fantastisch. Das _____ war begeistert.

2 Welche Kategorie passt? Ordnen Sie zu.

1 Apotheke 2 Arztpraxis 3 Auto 4 Bank 5 Galerie 6 Instrumente 7 Krankenhaus 8 Supermarkt 9 Theater 10 Zahlungsmittel

10 : ◆ Bargeld | ◆ Kreditkarte | ◆ Scheine
___ : ◆ Gebäck | ◆ Früchte | ◆ Fleisch
___ : ◆ Benzin | ◆ Motor | ◆ Reifen
___ : ◆ Flöte | ◆ Geige | ◆ Klavier
___ : ◆ Konto | ◆ Zinsen | ◆ Geldautomat

___ : ◆ Publikum | ◆ Schauspieler | ◆ Bühne
___ : ◆ Wunde | ◆ Verband | ◆ Impfung
___ : ◆ Schmerzmittel | ◆ Tropfen | ◆ Rezept
___ : ◆ Notarzt | ◆ Notaufnahme | ◆ OP
___ : ◆ Fotografie | ◆ Gemälde | ◆ Skulptur

3 Was passt zusammen? Verbinden Sie.

1 eine Frage   a verursachen   6 eine Wunde   f verschreiben
2 ein Studium   b sperren lassen   7 ein Kunstwerk   g leiden
3 einen Schaden   c behandeln   8 sich gegen Grippe   h versorgen
4 die Kreditkarte   d finanzieren   9 ein Medikament   i impfen lassen
5 eine Patientin   e missverstehen   10 unter Kopfschmerzen j beschädigen

4 Lesen Sie die Beschreibung und kreuzen Sie an.

www.kunst-kritiken.net/vangogh/sternennacht

Die Sternennacht
von Vincent van Gogh (1853–1890),
Öl auf Leinwand, 1889

Vincent van Goghs *Sternennacht* verbreitet eine traumähnliche Stimmung. Im ◯ Hintergrund ◯ Vordergrund (1) erkennt man ein ruhiges Dorf mit dunklen Häusern und Gebäuden. Im ◯ Hintergrund ◯ Vordergrund (2) sieht man einen blauen Nachthimmel mit vielen Sternen und einem großen gelben Mond. ◯ Unten ◯ Oben (3) am Himmel sind außerdem lebendige, schneckenförmige Wolken zu sehen. ◯ Vorn ◯ Hinten (4) im Gemälde kann man einen dunkelgrünen Baum erkennen, der bis zum Himmel geht.

WIEDERHOLUNG

5 Lesen Sie und ergänzen Sie in der richtigen Form.

Nachdem die Krankheit Pest viele Menschen in Berlin und Umgebung _____ (töten) (1), *baute* (bauen) (2) man vor den Toren Berlins ein sogenanntes *Pesthaus*. Man _____ (behandeln) (3) dort die Pestkranken und _____ (schützen) (4) gleichzeitig die Berliner vor der gefährlichen Krankheit. Nachdem aus dem früheren *Pesthaus* 1727 das Königliche Krankenhaus *Charité* _____ (entstehen) (5), _____ (entwickeln) (6) sich die Klinik in den nächsten 200 Jahren zu einem wichtigen Lehrkrankenhaus. Nachdem Ärzte der *Charité* im 19. Jahrhundert viele wichtige medizinische Entdeckungen _____ (machen) (7), _____ (werden) (8) das Krankenhaus auch international berühmt.

Außenaufnahme der Charité (Berlin, 02.08.2021)

6 Audiotraining: *Je dankbarer man ist, desto glücklicher ist man.*
Hören Sie und sagen Sie Sätze mit *je … desto …*

7 Was soll man bei einer Verletzung tun? SPRECHEN

a Was kann man noch sagen? Lesen Sie und ordnen Sie zu.

a beeindruckt mich total ◯ b davon halte ich nichts ◯ c dazu fällt mir noch ein ◯
d ich bin zwar kein Experte auf diesem Gebiet ⟨1⟩ e neu war für mich ◯
f soweit ich weiß ◯ g wenn du noch Fragen hast, melde dich einfach ◯
h zu diesem Thema kannst du dich auch bei … erkundigen ◯

SammyQ Ich habe mich am Finger geschnitten und einen Verband um meinen Finger gewickelt. Ich würde die Wunde aber gern noch anschauen lassen. Wo soll ich hingehen?

Paddy Damit kenne ich mich leider auch nicht so gut aus (1), aber ich denke, du könntest in der Notaufnahme eines Krankenhauses Hilfe bekommen. Da braucht man auch keinen Termin!

Wolle33 Meines Wissens (2) ist die Notaufnahme nur für akute Verletzungen und Erkrankungen am Wochenende und an Feiertagen da. **Bei der Krankenkasse bekommt man mehr Infos dazu (3).** Du solltest also mit deiner kleinen Verletzung besser zum Hausarzt gehen! **Wenn du nicht weiterkommst, kannst du dich gern noch mal melden (4)**!

Zappano Außerdem habe ich noch die Idee (5), dass man zu jeder Tages- und Nachtzeit den ärztlichen Bereitschaftsdienst (116 117) anrufen kann. Sonst kostet das die Krankenkasse zu viel Geld, und Menschen mit richtig großen Problemen müssen lange warten. **Das lehne ich ab (6)**!

SammyQ Danke, Leute! **Ich wusste noch nicht (7)**, dass man zuerst lieber zum Hausarzt gehen oder den Bereitschaftsdienst anrufen sollte. Euer Wissen zu diesem Thema **finde ich sehr faszinierend (8)**! Dann rufe ich gleich in meiner Arztpraxis an!

b Ihre Freundin möchte wissen, was man in Deutschland bei einer leichteren Verletzung tun muss, versteht aber kein Deutsch. Übersetzen Sie die wichtigsten Informationen aus dem Forum in **a** für sie.

TEST – SCHREIBEN, SPRECHEN

1 Die Arztpraxen der Zukunft — SCHREIBEN

Lesen Sie und schreiben Sie einen Kommentar. Beantworten Sie dabei die Fragen 1–6.

ARZTPRAXEN DER ZUKUNFT

Auf dem Land fehlen Ärzte und in Großstädten müssen Kranke bei Fachärzten oft sehr lange auf Termine warten und mit vollen Wartezimmern und langen Wartezeiten rechnen. Arztpraxen müssen auf diese Herausforderungen reagieren, um die Situation für alle positiv zu verändern. So soll ein Besuch in Arztpraxen in naher Zukunft nur noch dann nötig sein, wenn Kranke tatsächlich am Körper untersucht oder komplizierte Behandlungen wie Operationen durchgeführt werden müssen. Der Austausch zwischen Ärzten und Patienten könnte zukünftig vor allem in Videosprechstunden stattfinden. Mithilfe neuer Technologien und spezieller Anleitungen durch Ärzte sollen dabei z. B. Verletzungen, Wunden und andere Krankheiten in der sogenannten „virtuellen Praxis" untersucht und behandelt werden können. Außerdem sollen Sensoren die Gesundheitsdaten von Patienten in Echtzeit an die Praxen übertragen, was die frühe Diagnose und Kontrolle von Krankheiten erleichtern könnte. Insgesamt sollen moderne Technologien Diagnosen und Therapien auch über große Entfernungen hinweg möglich machen, die Situation von Ärzten, Arzthelferinnen und Patienten stark verbessern und die Arztpraxen revolutionieren.

1 Worum geht es im Artikel?
2 Was war besonders interessant?
3 Was wussten Sie schon?
4 Was war neu für Sie?
5 Welche Nachteile sehen Sie?
6 Was kann man zusammenfassend sagen?

____ / 6 Punkte

2 Test: Magst du Kunst? — SPRECHEN

a Welche Antworten passen zu Ihnen? Kreuzen Sie bis zu drei Antworten an.

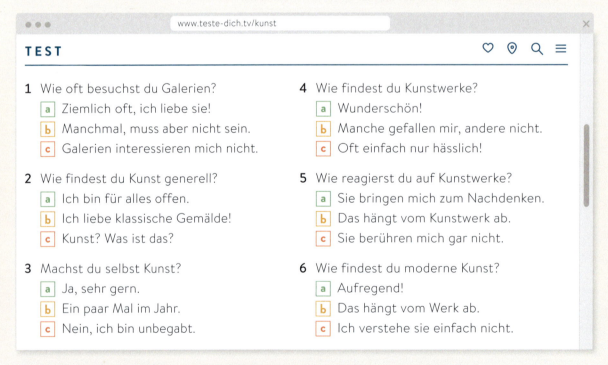

b Wie denken Sie über Kunst? Erzählen Sie. Orientieren Sie sich an Ihren Antworten aus **a**.

> Ich mag Kunst – ich besuche ziemlich oft Galerien, weil ich die Atmosphäre dort mag. Generell kann ich sagen, dass ich für alles offen bin, also wirklich verschiedene Arten von Kunst mag. Ich selbst mache aber keine Kunst, weil …

____ / 6 Punkte

TEST – LESEN, HÖREN

3 Der Fall Adele Spitzeder — LESEN
Was ist richtig? Lesen Sie und kreuzen Sie an.

Schauspielerin Adele Spitzeder hatte im Herbst 1869 keine Aufträge und war arbeitslos. Trotzdem führte sie ein Luxusleben. Sie wohnte in teuren Hotels und gab das Geld mit vollen Händen aus. Durch diese Lebensführung hatte sie mehrere Tausend Gulden Schulden. Nachdem sie Kredite aufgenommen hatte und diese nicht zurückzahlen konnte, kam ihr eine Idee: Sie versprach einfachen Leuten für Einlagen bei ihr hohe Zinsen. Diese sollten mit den Einlagen neuer Kunden finanziert werden. Ein klassisches „Schneeballsystem". Nachdem sich die Nachricht von den attraktiven Zinsen verbreitet hatte, wurden täglich über 100 000 Gulden in Spitzeders „Dachauer Bank" eingezahlt. Nachdem Spitzeder schuldenfrei war, kaufte sie sich vom eingenommenen Geld Häuser, spendete für Hilfsprojekte und hatte bis zu 83 Angestellte. Außerdem versteckte sie Millionen Silbermünzen im Wandschrank und Boden ihres Hauses in der Nähe des Englischen Gartens in München. Obwohl ihre Geldgeschäfte damals eigentlich nicht illegal waren, wurde die Kritik an Spitzeder in der Öffentlichkeit nach einiger Zeit immer größer – bis die Nachricht von der möglichen Schließung von Spitzeders Bank viele Anleger nervös machte. Als vierzig Anleger gleichzeitig versuchten, ihr ganzes Geld abzuheben, stürzte alles wie ein Kartenhaus zusammen. Nachdem am Ende 32 000 Kunden insgesamt 38 Millionen Gulden, also nach heutigem Wert ungefähr 418 Millionen Euro, verloren hatten, kam Spitzeder 1873 wegen fehlerhafter Buchführung für drei Jahre und acht Monate ins Gefängnis. Dort schrieb sie ihre Lebensgeschichte auf.

a Adele Spitzeder gab am Anfang viel mehr Geld aus, als sie hatte. ☒
b Sie wollte ihre Schulden mit dem Geld anderer Menschen bezahlen. ○
c Ihre Kundinnen und Kunden waren vor allem reiche Menschen. ○
d In einem „Schneeballsystem" bezahlen neue Investoren die Zinsen anderer. ○
e Spitzeder investierte das Geld zum Vorteil ihrer Kundschaft. ○
f Ihre Bank schloss, weil viele Leute auf einmal ihr Geld zurückhaben wollten. ○
g Am Ende musste sie ins Gefängnis, weil andere ihr Geld verloren hatten. ○

_____ / 6 Punkte

4 Hören Sie und kreuzen Sie an: *richtig* oder *falsch*? — HÖREN

	richtig	falsch
a Die Freundinnen Hoda und Fatma sehen sich fast jeden Tag.	○	☒
b Fatma kam ins Krankenhaus, nachdem sie einen Unfall hatte.	○	○
c Ihr rechtes Bein musste operiert werden.	○	○
d Sie konnte nach der Operation schnell wieder arbeiten.	○	○
e Hoda fühlt sich durch ihre Nachbarn gestört.	○	○
f Sie holte sich Hilfe beim Vermieter und bei einem Anwalt.	○	○
g Hoda braucht einen Kredit, um ihre Wohnung einzurichten.	○	○

_____ / 6 Punkte

☺ 20 – 24 Punkte
😐 13 – 19 Punkte
☹ 0 – 12 Punkte

FOKUS BERUF – VORSTELLUNGSGESPRÄCH (II)

www.berufe-netz.com

KALAN BANDA   84 Kontakte

🖥 Studienberater

📍 Siegen

Über mich: Geboren und aufgewachsen bin ich in Malawi, studiert habe ich in Deutschland: Interkulturelle Germanistik. Nach meinem Abschluss habe ich ein Jahr an der Uni in Manchester gearbeitet. Dort habe ich junge Leute aus dem Ausland beraten, die sich für ein Studium interessierten. Anfang März bin ich aus privaten Gründen nach Siegen gezogen und suche nun eine neue Stelle. Bis jetzt läuft es gut: Ich habe erst eine Bewerbung verschickt und gleich eine Einladung zum Vorstellungsgespräch bekommen. Ich hoffe, dass es klappt!

1 Mitarbeiterinnen und Mitarbeiter gesucht!

a Lesen Sie und sprechen Sie zu zweit. Was glauben Sie: Auf welche Stelle hat sich Kalan beworben? Warum? Hören Sie dann und kontrollieren Sie.

1 Leiter:in (m/w/d) der Zentralen Studienberatung
Ihr Team ist die erste Anlaufstelle für Studierende an unserer Hochschule. Wir erwarten: Führungserfahrung aus einer vergleichbaren Position. >>mehr

2 Studienberater (m/w/d)
Sie arbeiten im *International Office* der Universität und bieten unseren ausländischen Studierenden individuelle Beratung in allen Phasen ihres Studiums. >>mehr

3 Studienberater:in im Homeoffice
Beraten Sie Menschen, die sich für unsere Sprachkurse interessieren, am Telefon und überzeugen Sie sie von uns als Sprachschule! >>mehr

> Ich glaube, er hat sich auf Anzeige … beworben, weil …

> Da bin ich nicht so sicher. Ich denke eher …, denn …

b Hören Sie das Gespräch weiter und kreuzen Sie an.

1 Kalan hat einen ○ Bachelor ☒ Master -Abschluss.
2 Er hat an der Uni Manchester unter anderem
   ○ Info-Veranstaltungen ○ Sprachkurse organisiert.
3 Vor seiner Bewerbung hat er sich ○ telefonisch ○ online
   über das *International Office* informiert.
4 Er findet es gut, dass das *International Office*
   ○ eine moderne Webseite hat ○ sehr serviceorientiert ist .
5 Als Stärke nennt Kalan unter anderem
   ○ seine kommunikativen Fähigkeiten
   ○ sein Organisationstalent .

FOKUS BERUF – VORSTELLUNGSGESPRÄCH (II)

2 Fragen und Antworten im Vorstellungsgespräch

a Welche drei Antworten passen zu den Fragen 1–3? Ordnen Sie zu.

1 Können Sie etwas über Ihre Berufserfahrung erzählen?

A ⬡ Durch meine Berufserfahrung bin ich mit vielen Aufgaben vertraut. Zu meinen Stärken gehören … ⬡

B ⬡ Ich war … verantwortlich. Außerdem habe ich bei … mitgearbeitet. ⬡

C ⬡ Ich würde mich selbst als besonders … beschreiben. Ich habe gelernt, … Außerdem bin ich … und … ⬡

2 Warum sind Sie an dieser Position interessiert?

D ⬡ Zu meinen Hauptaufgaben gehörte es, … Außerdem habe ich … und … durchgeführt. ⬡

E ⬡ Vor meiner Bewerbung habe ich mich intensiv mit … beschäftigt. Besonders angesprochen hat mich, dass … ⬡

F ⬡ Durch mein Studium bin ich auf die Tätigkeit als … gut vorbereitet. Ich kann besonders gut … und … ⬡

3 Welche Fähigkeiten qualifizieren Sie für die Stelle?

G ⬡ … ist dafür bekannt, dass … Das finde ich persönlich besonders wichtig. ⬡

H ⬡ Ich war hauptsächlich für … zuständig. Zu meinen Aufgaben gehörte aber auch … ⬡

I ⬡ In Ihrer Stellenanzeige schreiben Sie, dass Sie viel Wert auf … legen. Das hat mich überzeugt. ⬡

b 🔊 3|21 Welche Formulierungen verwendet Kalan? Hören Sie noch einmal und kreuzen Sie in **a** an.

3 Das Bewerbungsspiel

a Arbeiten Sie zu dritt. Wählen Sie eine Stellenanzeige aus. Notieren Sie dann Ihre Antworten auf die Fragen.

PRAKTIKUM IM BÜRO
Du unterstützt unser Team bei Bürotätigkeiten und bekommst Einblicke in verschiedene kaufmännische Bereiche. Mindestdauer: 3 Monate.

Als **Quereinsteiger** erhalten Sie eine gründliche Einarbeitung in alle Aufgaben eines **IT-Beraters** (w/m/d). Bringen Sie Ihre Fähigkeiten ein und werden Sie Teil unseres IT-Teams!

FERIENJOB IM FREIZEITCAMP
In den Semesterferien organisierst du Spiele und Aktivitäten für Kinder und Jugendliche und sorgst für eine unvergessliche Zeit!

1 Welche Berufserfahrungen haben Sie bisher gesammelt, die zu der Stelle passen könnten?
2 Was finden Sie an der Stelle interessant? Warum würden Sie sich bewerben?
3 Was können Sie gut? Warum passen Ihre Fähigkeiten zu der Stelle?

b Schreiben Sie die Fragen aus **2a** jeweils dreimal auf Zettel, mischen Sie sie und legen Sie sie umgekehrt auf den Tisch. Ziehen Sie abwechselnd eine Karte und lesen Sie die Frage vor. Die Person links von Ihnen antwortet.

PRÜFUNGSTRAINING DTZ

1 Vorbereitung — LESEN 4

a Welche Überschrift passt? Lesen Sie und ordnen Sie zu.

~~Ankunft und Abfahrt~~   Frühstück   Ruhezeiten   Verhalten in unseren Zimmern

UNSERE HOTELREGELN

Herzlich willkommen in unserem Hotel Sonnenblick. Wir freuen uns sehr, dass Sie unser Gast sind. Damit alle unsere Gäste einen entspannenden Urlaub verbringen können, gibt es bei uns ein paar Regeln. Wir bitten Sie, diese Regel zu beachten:

Ankunft und Abfahrt

Ihr Zimmer ist ab 16 Uhr für Sie bereit. Wenn Sie früher als 16 Uhr ankommen, können Sie Ihre Koffer schon an der Rezeption abgeben. Am Ende Ihres Aufenthalts müssen Sie Ihr Zimmer bis 10 Uhr verlassen. Sie möchten an Ihrem letzten Tag noch etwas unternehmen? Dann können Sie Ihr Gepäck gern an der Rezeption abgeben.

In unserem Speiseraum im ersten Obergeschoss genießen Sie von 7 bis 10 Uhr (am Wochenende von 8 bis 11 Uhr) ein vielseitiges Frühstücksbuffet. Wir bieten Ihnen täglich frische und gesunde Speisen. Auch vegetarisch und vegan.

Das Rauchen ist nicht erlaubt. Bitte gehen Sie zum Rauchen in den Raucherbereich vor unserem Hotel. Es ist außerdem verboten, Gegenstände mitzunehmen. Bitte lassen Sie Handtücher, Duschgel und Shampoo in den Räumen.

Wir bitten Sie, 22 bis 7 Uhr nicht laut Musik zu hören, über die Flure zu rennen oder laut zu sprechen. Unsere Gäste möchten eine ruhige Nacht verbringen. Vielen Dank!

> ! Überschriften dienen der Orientierung und helfen bei der Bearbeitung der Aufgabe. Achten Sie in der Prüfung deshalb besonders auf die Überschriften.

b Lesen Sie und markieren Sie wichtige Wörter. Entscheiden Sie dann: *richtig* oder *falsch*?

1 Ich habe morgen Geburtstag und kaufe für euch alle ein Stück Torte in der Cafeteria. Morgen gibt es dort Erdbeer- und Schokotorte – lecker wie immer. Kommt vorbei!
Eure Sara

2 Wir suchen Menschen, die gern früh arbeiten und von 5 bis 7 Uhr unsere Zeitung verteilen. Täglich außer Sonntag. 15 Euro pro Stunde.

3 Wir haben rund um die Uhr geöffnet. Kommen Sie einfach dann, wenn Sie Zeit haben. **Wir freuen uns auf Sie!**

	richtig	falsch
1 Sara bringt zu ihrem Geburtstag Torte mit.	○	○
2 Am Wochenende gibt es keine Zeitung.	○	○
3 Das Fitness-Studio kann man morgens, mittags, abends und nachts besuchen.	○	○

PRÜFUNGSTRAINING DTZ

2 In der Prüfung — LESEN 4

Lesen Sie den Text. Sind die Aussagen 1–3 richtig oder falsch?
Markieren Sie Ihre Lösungen auf dem Antwortbogen.

NACHHILFE – ALLE FÄCHER

Sie sind auf der Suche nach einer Nachhilfelehrerin / einem Nachhilfelehrer? Dann sind Sie bei uns richtig! Wir bieten Nachhilfeunterricht in allen Fächern an. Bei uns arbeiten Lehrende, die viel Unterrichtserfahrung haben und Ihrem Kind deshalb sehr gut helfen können. Überzeugen Sie sich selbst und probieren Sie es aus!

Ablauf
Der Unterricht findet in unseren Räumen in der Schönbachstraße 14 oder bei Ihnen zu Hause statt. Eine Nachhilfestunde dauert 45 Minuten. Möglich sind Unterrichtszeiten von Montag bis Freitag 15 bis 19 Uhr. Am Wochenende kann leider keine Nachhilfe stattfinden.

Kosten
Eine Stunde Nachhilfe pro Woche kostet eine monatliche Gebühr von 95 Euro. Soll die Lehrperson zu Ihnen nach Hause kommen, erhöht sich der Preis um 10 Euro. Es ist auch möglich, zwei Nachhilfestunden pro Woche zu buchen. Der monatliche Preis liegt dann bei 170 Euro (Institut) oder bei 200 Euro (zu Hause).

Absage bei Verhinderung
Ihr Kind ist krank und kann nicht an der Nachhilfe teilnehmen? Das ist kein Problem. Unsere Lehrenden vereinbaren dann einen Ersatztermin mit Ihnen. Allerdings haben Sie die Pflicht, den Termin mindestens sechs Stunden vorher abzusagen. Wenn Ihr Kind einfach nicht zur Nachhilfe kommt, ohne dass der Termin abgesagt wurde, kann die Stunde nicht nachgeholt werden – und die Stunde muss auf jeden Fall bezahlt werden.

Kontakt
Interesse geweckt? Dann füllen Sie unser Kontaktformular aus und teilen Sie uns mit, für welches Fach Sie Nachhilfe wünschen. Erklären Sie bitte auch genau, welche Schwierigkeiten Ihr Kind in diesem Fach hat. Dann meldet sich eine passende Lehrperson so schnell wie möglich bei Ihnen.

1 Die Nachhilfe findet mittags und nachmittags statt.
richtig / falsch

2 Der Unterricht zu Hause ist teurer.
richtig / falsch

3 Bei Krankheit kann man einen neuen Termin ausmachen.
richtig / falsch

> Lesen Sie die Aufgaben 1–3. Lesen Sie dann die Überschriften (*Ablauf* etc.) und überlegen Sie, welche am besten passt. Lesen Sie dann den Text unter der jeweiligen Überschrift genauer. Oft findet man so die richtige Textstelle für die Lösung der Aufgabe.

PRÜFUNGSTRAINING DTZ

1 Vorbereitung — SPRECHEN 3

a Lesen Sie und ordnen Sie die Kategorien zu.

↔ einen Gegenvorschlag machen
☹ einen Vorschlag ablehnen   ? etwas vorschlagen
☺ zustimmen

> Wie wäre es, wenn (?) (1) wir ein Picknick machen?

> Im Dezember? Das halte ich für keine gute Idee. (_____) (2) Stattdessen könnten wir doch (_____) (3) bei mir zu Hause Kuchen essen.

> Oh ja, das finde ich prima. (_____) (4)

b Welche Ausdrücke bedeuten das Gleiche wie in **a**? Ordnen Sie zu.

A Das klingt gut. ☺

B Ich weiß nicht so recht. Könntest du dir vorstellen, …?

C Ich bin nicht so überzeugt. _____

D Vielleicht wäre es besser, wenn … _____

E Das ist ein super Vorschlag. _____

F Na gut, einverstanden.

G Ich bin eher dagegen. _____

H Was hältst du davon, wenn …? _____

I Okay, lass es uns so machen. _____

J Na schön, dann machen wir es so. _____

c Sprechen Sie den Dialog zu zweit. Variieren Sie dann mit den Ausdrücken aus **b**.

○ Wollen wir im Park Essen kaufen? Es gibt dort einen Imbiss.
▫ Ich weiß nicht so recht. Das ist teuer. Vielleicht wäre es besser, wenn wir das Essen mitbringen.
○ Na gut, einverstanden.

d Ergänzen Sie Alternativen.

~~3. September~~   am Brunnen
mit dem Fahrrad

Idee: Wanderung im Stadtwald
Datum: 1. September <-> 3. September
Treffpunkt: zu Hause <-> _____
Verkehrsmittel: zu Fuß <-> _____

PRÜFUNGSTRAINING DTZ

e Sie planen zu zweit eine Wanderung im Stadtwald. Spielen Sie das Gespräch. Variieren Sie Ihre Antworten.

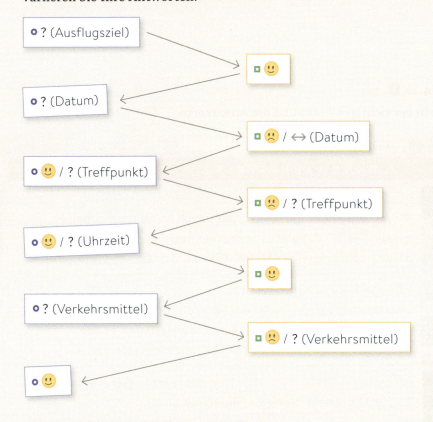

2 In der Prüfung — SPRECHEN 3

In einer Stadt in Ihrer Nähe gibt es einen Rosengarten. Dort kann man viele verschiedene Arten von Rosen anschauen und kennenlernen. Planen Sie mit Ihrer Partnerin / Ihrem Partner einen Ausflug dorthin. Sprechen Sie über die Punkte unten, machen Sie Vorschläge und reagieren Sie auf diese. Planen und entscheiden Sie gemeinsam.

Ausflug in den Rosengarten
Wann?
Treffpunkt?
Verkehrsmittel?
Essen und Getränke mitnehmen?
…

Hören Sie Ihrer Partnerin / Ihrem Partner gut zu und reagieren Sie auf ihre / seine Vorschläge. Sagen Sie aber nicht sofort bei allen Vorschlägen ja, sondern lehnen Sie auch mal ab und besprechen Sie Alternativen. Denken Sie aber daran: Am Ende sollen Sie zu einer gemeinsamen Lösung kommen.

19 Mein Zeugnis wurde anerkannt.

1 Berufe mit Tradition W G KB 1

Ergänzen Sie die Berufe in der richtigen Form und die Arbeitsorte.

www.berufsportal-handwerk.de

HANDWERKSBERUFE

Meine Lehre habe ich relativ spät gemacht. Seitdem arbeite ich als _Bäcker_ (1) und liebe meinen Beruf über alles! Ich träume davon, meine eigene _Bäckerei_ (2) zu eröffnen. ← Viktor, 37

Ich liebe Tiere, arbeite aber als _____ (3). Unmöglich? Nein: Mein Arbeitgeber, die Bio-_____ (4) Karl, tut alles, damit es den Tieren gut geht – bis zur letzten Sekunde! ← Luise, 28

Ich bin _____ (5) in der fünften Generation. Seit 1902 betreibt meine Familie schon die _____ (6) Buchwald. Das Beste an meinem Beruf? Die Arbeit in der Natur! ← Yann, 32

Seit dem Sommer arbeite ich im Familienbetrieb meiner Eltern, der _____ (7) Chois in Ulm. _____ (8) war schon immer mein Traumberuf. Die Arbeit mit Holz liegt mir im Blut. ← Luna, 20

2 Fristen und Termine W KB 5

a Welche drei Wörter passen? Markieren Sie.

1 renovieren: **eine Wohnung** | **ein Zimmer** | eine E-Mail | **ein Gebäude**
2 verlängern: ein Zeugnis | eine Frist | einen Vertrag | einen Pass
3 unterrichten: Azubis | Deutsch | Kinder | Zeit
4 absolvieren: ein Studium | eine Frist | eine Ausbildung | eine Prüfung
5 erhalten: eine E-Mail | ein Wochenende | einen Bescheid | eine Nachricht
6 versäumen: eine Frist | einen Termin | einen Zug | einen Lebenslauf
7 ausstellen: ein Zeugnis | eine Rechnung | eine Frist | ein Visum
8 genehmigen: einen Antrag | eine Enttäuschung | ein Stipendium | ein Projekt

b Partneraufgabe: Wählen Sie drei Verben aus **a** und kombinieren Sie sie mit einem Nomen. Schicken Sie dann Fragen an Ihre Partnerin / Ihren Partner. Sie / Er antwortet.

> Hast du schon mal eine Frist versäumt?

> Nein, noch nie. / Ja, schon sehr oft. Und du: Hast du schon mal …?

Übungen 19

3 Arbeiten in Deutschland. Lesen Sie und ordnen Sie zu. KB 5

Antrag   Arbeitserlaubnis   Asyl   Behörde   Berufsschule   Bescheid
Dokumente   Frist   Kopien   ~~Papiere~~   Stipendium

---

www.Arbeiten-in-Deutschland.net/FAQ

FAQ

> *Ich möchte den Berufsabschluss anerkennen lassen. Welche Papiere (1) brauche ich?*
> Das hängt unter anderem von Ihrem Herkunftsland und Ihrem Beruf ab. Informieren Sie sich bei der zuständigen Behörde an Ihrem Wohnort über die notwendigen _____ (2). Wichtig: Schicken Sie keine Originale, sondern immer nur _____ (3)!

> *Ich möchte nach meiner Berufsausbildung in Deutschland arbeiten. Ist das möglich?*
> Das hängt von Ihrem Herkunftsland ab. EU-Bürger*innen können in der ganzen EU arbeiten, also auch in Deutschland. Wenn Sie aber aus einem sogenannten Drittstaat kommen, ist eine Genehmigung in Form einer _____ (4) notwendig. Mehr Informationen finden Sie *hier*.

> *Ich musste aus meinem Heimatland fliehen und habe _____ (5) beantragt. Jetzt möchte ich gern hier arbeiten. Welche _____ (6) ist zuständig?*
> Wenden Sie sich an die Ausländerbehörde. Dort müssen Sie einen _____ (7) stellen und erhalten dann normalerweise nach kurzer Zeit einen positiven oder negativen _____ (8).

> *Ich möchte eine Ausbildung machen. Gibt es eine _____ (9) für die Bewerbung?*
> Eine duale Ausbildung startet meistens am 1.8. oder 1.9., dann beginnt auch das Schuljahr in der _____ (10). Man muss sich in der Regel einige Monate vorher bewerben.

> *Ich will den Meister machen. Gibt es dafür ein _____ (11)?*
> Ja. Wenn Sie bereits eine Ausbildung abgeschlossen haben, können Sie finanzielle Unterstützung für eine Weiterbildung beantragen. Informieren Sie sich *hier* über die Voraussetzungen.

---

4 Diphthonge und andere Vokalverbindungen KB 5 — AUSSPRACHE

a Unterstreichen Sie die zwei Vokale hintereinander. Hören Sie dann und sprechen Sie nach.

1 versäumen   3 Dialekt   5 kreativ   7 ausgezeichnet   9 Bäckerei
2 theoretisch   4 Arbeitserlaubnis   6 Zeugnis   8 Studium   10 Januar

b Hören Sie und achten Sie auf die **fetten** Vokalverbindungen. Lesen Sie dann laut.

1
Ich komme **au**s Frankr**ei**ch, bin s**ei**t Jan**ua**r n**eu** in **Au**gsburg und **au**f der Suche nach Arb**ei**t neben dem Stud**iu**m. Ich könnte zum B**ei**spiel als **Au**shilfe in **ei**ner Bäcker**ei** oder als K**io**sk-Verk**äu**ferin arb**ei**ten.

2
Du bist kr**ea**tiv, soz**ia**l und kannst spontan r**ea**gieren, hast event**ue**ll The**a**ter- oder Rad**io**-Erfahrung? **Au**sgez**ei**chnet! Wir suchen akt**ue**ll L**eu**te für **ei**n Vid**eo**, gern **au**ch mit D**ia**lekt!

5 *Passiv Perfekt* und *Passiv Präteritum* KB 5

a Was hat bei Pias Bewerbung (nicht) funktioniert? Markieren Sie die Passivformen im Protokoll rechts und vergleichen Sie dann mit Pias Checkliste links.

Ich habe:
- Formular heruntergeladen ✓
- Antrag ausgefüllt ✓
- Lebenslauf hochgeladen ✓
- Unterlagen abgeschickt

Das Formular wurde heruntergeladen.
Der Antrag wurde ausgefüllt.
Der Lebenslauf ist hochgeladen worden.
Die Unterlagen sind nicht abgeschickt worden.

b Lesen Sie die Sätze in *a* noch einmal und kreuzen Sie an.

– Man verwendet das Passiv, wenn die ☒ Aktion ○ Person (1) im Vordergrund steht.
– Aktionen in der ○ Gegenwart ○ Vergangenheit (2) stehen entweder im *Passiv Perfekt*
  oder im *Passiv Präteritum*. Beide Formen haben ○ die gleiche Bedeutung
  ○ unterschiedliche Bedeutungen (3).
– *Passiv Perfekt*: Form von ○ haben ○ sein (4) + Partizip + worden (z.B. *ist hochgeladen worden*)
– *Passiv Präteritum*: ○ wurde ○ würde (5) + Partizip (z.B. *wurde heruntergeladen*)

6 Diskussionen im Azubi-Forum KB 5

a Lesen Sie die Forumsbeiträge und setzen Sie die passenden *Passiv*-Formen ein.

www.azubiforum.de/diskussion

Reza_bonn Nach dem Abi frage ich mich: Ausbildung oder Studium? Was meint ihr?
Busy88 Also, nach dem Abi _wurde_ mir zu einem Architektur-Studium _geraten_ (raten) (1). Bei einem Praktikum _____ mir dann ein Ausbildungsplatz in einer Baufirma _____ (anbieten) (2). Das war toll! Jetzt _____ ich sogar _____ (übernehmen) (3)!
YU_04 Ich _____ beim Vorstellungsgespräch vor allem nach meinen Lieblingsfächern und zu meinen Stärken _____ (fragen) (4). Ich glaube, meine Zeugnisse _____ genau _____ (lesen) (5), denn es gab viele Fragen zu den Noten!

b Schreiben Sie Sätze im *Passiv Präteritum* (PPrä) und *Passiv Perfekt* (PPer).

Marcel Hilfe, meine Kollegen sind total faul! Ich war drei Tage in der Berufsschule. Dann gab es im Büro nur noch Chaos: _Die E-Mails wurden nicht beantwortet_ (1) (die E-Mails nicht beantworten, *PPrä*), _____ (2) (ein wichtiger Kunde nicht zurückrufen, *PPrä*) und _____ (3) (die Zugtickets für den Chef nicht buchen, *PPrä*). Dann musste ich alles machen, und _____ (4) (ich sogar fragen, *PPer*), ob ich zusätzlich die Flyer ausdrucken kann. Was soll ich tun?
Luise_im_Büro Ich kenne diese Situation! Ich habe mit meiner Chefin gesprochen und dann _____ (5) (alle Kollegen in ihr Büro rufen, *PPer*). Zum Glück _____ (6) (das Problem lösen, *PPrä*)!

+ NOCH MEHR?
Seite 99

Übungen

7 *-isch* oder *-lich*? Ergänzen Sie die passende Adjektivendung. KB 6

Der Kurs-Checker: Die monat**lich**e (1) Übersicht zur Aus- und Weiterbildung

Medien-Hochschule: Studiengang für Interessenten mit ausländ_____em (2) Schulabschluss

Weiterbildung? Für viele Kurse gibt es eine staat_____e (3) Förderung! Kostenlose Beratung.

Bewerbungscoaching: Durchschnitt_____ (4) 50 % mehr Einladungen zum Vorstellungsgespräch!

Für internationale Ärzt*innen: Intensivkurs für medizin_____e (5) Fachsprache

Arbeiten und den Meister machen: Kurse am Wochenende und am Abend (1 – 2x wöchent_____) (6)!

Neue Vorbereitungskurse ab Mai! Keine Angst vor der prakt_____en (7) Prüfung!

8 Praktikum im Ausland KB 6 — SCHREIBEN

a Lesen Sie und kreuzen Sie an.

Clotilde Habt ihr Tipps zu Praktika in deutschsprachigen Ländern?

Dave Mein Bruder hat ein Praktikum in Köln gemacht. In der ☒ Regel ○ Zukunft (1) dauert ein Praktikum mindestens vier Wochen und höchstens ein paar Monate. Im ○ Gegenteil ○ Gegensatz (2) zum Studium hat man wenig Freizeit. Im ○ Versuch ○ Vergleich (3) zu England fand Kris es schwierig, Leute kennenzulernen. 😕 Denn: Sehr ○ oft ○ viel (4) sind die Kölner Kollegen nach der Arbeit direkt nach Hause gegangen. Das kann man mit England nicht ○ abwägen ○ vergleichen (5): ○ Ungewöhnlich ○ Normalerweise (6) geht man hier nach der Arbeit zusammen in den *Pub*.

Pippa Bei meinem Theaterpraktikum in Berlin habe ich fast kein Geld bekommen! Dafür war das Mittagessen ○ gratis ○ frei (7) und ich durfte mir die Vorstellungen kostenlos ansehen. 🙂

Jasper Genau, ○ je ○ ja (8) nach Art des Unternehmens bekommt ein Praktikant gar kein oder nur sehr wenig Geld! Meine Freundin hatte Glück: Sie hat monatlich so viel bekommen wie die Azubis, also über 1 000 Euro im Monat. Natürlich war das auch nicht viel 😉 … Erst nach der ○ Gesellenprüfung ○ Gesellschaftsprüfung (9) verbessert sich das Gehalt bei Handwerkern.

Clotilde Ist die Bezahlung der einzige Unterschied zwischen Praktikum und Ausbildung?

Jasper Ein wichtiger Unterschied ist noch, dass Azubis nicht nur im Betrieb arbeiten, sondern auch zusätzlich die ○ Theorie ○ Praxis (10) in der Berufsschule lernen.

b Lesen Sie die Textnachricht und fassen Sie dann die wichtigsten Punkte aus **a** zusammen.

Hallo! Ich überlege mir, ein Praktikum im Ausland zu machen, habe aber noch einige Fragen: Was ist besonders an einem Praktikum (Dauer, Bezahlung)? Und: Was ist der Unterschied zu einer Ausbildung? Danke! Silva

20 Man braucht nur kurz nachzudenken.

1 Heiße Sommer. Lesen Sie und ordnen Sie zwei Ausdrücke zu. KB 1

◯ Effekten ◯ Folgen ① Grade
◯ nimmt zu ◯ Temperaturen
◯ verschlechtern sich ◯ wird mehr
◯ werden schlechter

Am Samstag bis zu 40 °C erwartet: Sind diese **1** normal?
Dieses Jahr gab es 17 heiße Tage mit über 30 °C, im Jahr 2000 waren es nur sechs. Die Zahl der heißen, trockenen Tage **2**. Das bedeutet, die Wetterbedingungen **3**. Die Natur leidet unter den negativen **4** des Klimawandels.

2 Ergänzen Sie die Verben in der richtigen Form. KB 2

analysieren behaupten ~~diskutieren~~ korrigieren vermuten warnen wiederholen zweifeln

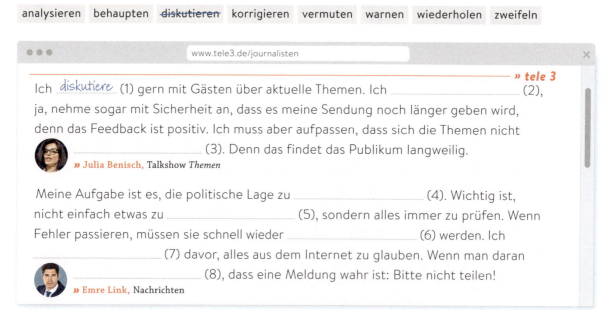

Ich *diskutiere* (1) gern mit Gästen über aktuelle Themen. Ich _____ (2), ja, nehme sogar mit Sicherheit an, dass es meine Sendung noch länger geben wird, denn das Feedback ist positiv. Ich muss aber aufpassen, dass sich die Themen nicht _____ (3). Denn das findet das Publikum langweilig.
» Julia Benisch, Talkshow *Themen*

Meine Aufgabe ist es, die politische Lage zu _____ (4). Wichtig ist, nicht einfach etwas zu _____ (5), sondern alles immer zu prüfen. Wenn Fehler passieren, müssen sie schnell wieder _____ (6) werden. Ich _____ (7) davor, alles aus dem Internet zu glauben. Wenn man daran _____ (8), dass eine Meldung wahr ist: Bitte nicht teilen!
» Emre Link, Nachrichten

3 Wie kann man *Fake News* im Internet erkennen? KB 4 — SCHREIBEN

a Lesen Sie und kreuzen Sie an.

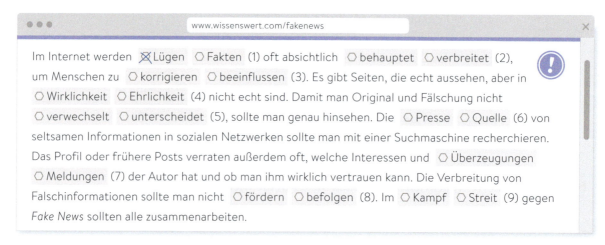

Im Internet werden ☒ Lügen ◯ Fakten (1) oft absichtlich ◯ behauptet ◯ verbreitet (2), um Menschen zu ◯ korrigieren ◯ beeinflussen (3). Es gibt Seiten, die echt aussehen, aber in ◯ Wirklichkeit ◯ Ehrlichkeit (4) nicht echt sind. Damit man Original und Fälschung nicht ◯ verwechselt ◯ unterscheidet (5), sollte man genau hinsehen. Die ◯ Presse ◯ Quelle (6) von seltsamen Informationen in sozialen Netzwerken sollte man mit einer Suchmaschine recherchieren. Das Profil oder frühere Posts verraten außerdem oft, welche Interessen und ◯ Überzeugungen ◯ Meldungen (7) der Autor hat und ob man ihm wirklich vertrauen kann. Die Verbreitung von Falschinformationen sollte man nicht ◯ fördern ◯ befolgen (8). Im ◯ Kampf ◯ Streit (9) gegen *Fake News* sollten alle zusammenarbeiten.

b Lesen Sie Ödöns Textnachricht und fassen Sie den Artikel in **a** für ihn zusammen.

> Im Internet lese ich so viel. Woher weiß ich, ob die Informationen überhaupt stimmen? Tipps?

Übungen

4 Laut-Buchstaben-Beziehung f, v, w, ph, pf KB 4 — AUSSPRACHE

a Beginnen die Wörter mit dem gleichen Laut (=) oder nicht (≠)? Hören Sie und ergänzen Sie. Hören Sie dann noch einmal und sprechen Sie nach.

1 **W**issenschaftler – **F**orschung ≠
2 **v**egetarisch – **v**ersorgen ___
3 **v**erschwinden – **f**liehen ___
4 **F**rist – **Pf**licht ___
5 **Pf**erd – **Pf**lanze ___

b Ergänzen Sie die Buchstaben f, v, w, ph, pf. Hören Sie dann und sprechen Sie nach.

1 Ist das _w_irklich ___ahr?
2 Die Prü___ung ___ar ___ür mich ein Kam___.
3 Ich ___inde, das ist deine ___licht.
4 ___ir könnten ein___ach ___on hier ___ersch___inden!
5 Sei doch nicht ___ieder so em___indlich!
6 Dieses ___ideo ist eine Katastro___e!
7 ___ir hatten dich ___or den ___olgen ge___arnt!
8 ___as ___ür eine intensi___e Er___ahrung!

5 Vanessa träumt von einem Urlaub im Hotel KB 4

a Welche Sätze haben die gleiche Bedeutung? Ordnen Sie zu.

1 Ich **muss** nicht **aufräumen**. ⬡ C
2 Ich **muss keine** Handtücher waschen. ⬡
3 Ich **muss** mir **nur** etwas zum Essen bestellen. ⬡

A Ich brauche **keine** Handtücher zu waschen.
B Ich brauche **nur** etwas zum Essen zu bestellen.
C Ich **brauche nicht** aufzuräumen.

b Markieren Sie die Verben und Modalverben in **a** und kreuzen Sie dann an.

Nicht müssen und *nicht brauchen ... zu haben* ○ eine andere ☒ die gleiche (1) Bedeutung.
○ *Müssen* ○ *Brauchen* (2) + Infinitiv kann nur in Sätzen mit *nicht, kein-* oder *nur* verwendet werden. In diesen Sätzen steht vor dem Infinitiv am Satzende *zu*.
Bei trennbaren Verben (*auf|räumen*, …) steht *zu* ○ vor ○ nach der Vorsilbe (3).

6 Welche Sätze kann man auch mit *brauchen* schreiben? KB 4

Markieren Sie *nicht, kein-* oder *nur* und notieren Sie ✓ (= *brauchen* möglich) oder ✗ (= *brauchen* nicht möglich). Schreiben Sie dann die Sätze mit ✓ mit *brauchen* neu.

// Frage: Warum werden heute weniger Zeitungen gekauft?

ANTWORT VON OLIVER P.

✗ 1. Früher musste man in den Laden gehen und sich dort eine Zeitung kaufen.
2. Heute kann man zu Hause bleiben und muss **nicht** aus dem Haus gehen.
3. Man muss nur das Smartphone in die Hand nehmen, um Nachrichten zu lesen.
4. Man muss kein Geld ausgeben, wenn man kurze Informationen lesen möchte.
5. Nach dem Lesen muss man die alten Zeitungen nicht wegwerfen.
6. Außerdem kann man Inhalte ganz schnell teilen, aber man muss mehr auf die Quellen achten.

2. Heute kann man zu Hause bleiben und braucht nicht …

7 Sätze mit *ohne* und *(an)statt* KB 5

a Meine Schwester, der Teenager. Was passt zusammen? Verbinden Sie.

	Hauptsatz		Nebensatz
1	Meine Schwester zockt bis spät in die Nacht,	a	**(an)statt** dass sie mit dem Rad fährt.
2	Sie bleibt morgens im Bett,	b	**ohne** zuzunehmen.
3	Papa bringt sie mit dem Auto in die Schule,	c	**ohne** dass die Eltern es bemerken.
4	Sie trifft ihre Freundinnen,	d	**(an)statt** pünktlich aufzustehen.
5	Meine Schwester isst dauernd Süßigkeiten,	e	**(an)statt** dass sie ihre Hausaufgaben macht.

b Markieren Sie die handelnde Person und *zu* in a. Kreuzen Sie dann an.

– Der Nebensatz beginnt mit ☒ *(an)statt* ☐ *ohne* (1), wenn man etwas **anders** macht als erwartet.
– Passiert etwas **nicht**, obwohl man es erwartet, verwendet man ☐ *(an)statt* ☐ *ohne* (2).
– Ist die Person im Haupt- und Nebensatz gleich, verwendet man im Nebensatz *(an)statt / ohne* mit ☐ *zu* ☐ *dass* ☐ *zu* oder *dass* (3), bei verschiedenen Personen aber nur ☐ *zu* ☐ *dass* (4).

8 Meine Morgenroutine KB 6

a Fridolines Morgenroutine. Lesen Sie und schreiben Sie die Sätze mit *(an)statt dass*, *(an)statt zu*, *ohne dass* und *ohne zu* neu. Manchmal gibt es mehrere Möglichkeiten.

Wenn die Sonne scheint, wache ich auf. Der Wecker klingelt nicht.

Ich muss selbst Kaffee machen. Fridolin bringt keinen ans Bett.

Dann dusche ich. Ich rasiere meine Beine nicht.

Ich gehe nicht aus dem Haus. Ich schminke mich vorher.

Manchmal merke ich mir einen Termin. Ich trage ihn nicht in den Kalender ein.

Meistens nehme ich den Bus in die Arbeit. Ich fahre nicht mit dem Fahrrad.

1. Wenn die Sonne scheint, wache ich auf, ohne dass der Wecker klingelt.

b Partneraufgabe: Was machen Sie in der Früh? Schicken Sie Ihrer Partnerin / Ihrem Partner ein Foto und einen Satz. Sie / Er reagiert mit einem anderen Foto und einem neuen Satz.

Wenn der Wecker klingelt, schlafe ich einfach weiter, anstatt sofort aufzustehen.

+ NOCH MEHR?
Seite 100

Übungen

9 Tatsache oder Lüge? KB 8 — SPRECHEN

a Lesen Sie die drei Diskussionen und ergänzen Sie.

> ebenfalls sagen, dass | ehrlich gesagt nicht | ein bisschen komisch | erscheint mir das
> es ist tatsächlich so | herausgefunden, dass | ist zwar richtig, dass | lieber mal überprüfen
> mal ein bisschen zum | ~~mir schon vorstellen~~ | sagen zu diesem Thema
> Tatsache ist, dass | wäre ich vorsichtig | zur Frage, ob das

// Wissenschaftler sagen: Man kann negative Erinnerungen aus dem Gehirn löschen.

Sina Ich könnte _mir schon vorstellen_ (1), dass man unangenehme Erinnerungen vergessen kann. Auf den ersten Blick _____ (2) schon möglich.

Philipp Ohne lange nachzudenken, würde ich _____ (3) das stimmt.

WilliW _____ (4) stimmt, habe ich nichts gefunden.

Paulee Etwas mit Absicht vergessen? Das kommt mir _____ (5) vor. 😖

Wiseguy Ich habe _____ (6) Thema „Vergessen" recherchiert: _____ (7), dass man Erinnerungen nicht wirklich löschen kann. Aber man kann sich auf positive Erinnerungen konzentrieren. Also: Es _____ (8) man dann kaum mehr an die negativen Erlebnisse denkt, aber sie werden nicht komplett gelöscht.

// Tatsache: Michael Jackson lebt!

Jonx Das kann ich mir _____ (9) vorstellen.

Loni Da _____ (10). Das würde ich _____ (11).

Toni Ich habe _____ (12) es angeblich ein aktuelles Foto von ihm mit seiner Tochter gibt.

// Eine Fremdsprache lernen in nur 30 Tagen!

Lynn Unmöglich! _____ (13) das von vielen Faktoren abhängt. Viele Sprachlehrer _____ (14), dass es im Durchschnitt zwei Jahre dauert.

b Partneraufgabe: Wählen Sie zwei Meldungen, recherchieren Sie und beantworten Sie die Fragen rechts. Orientieren Sie sich an **a**. Schicken Sie dann Ihrer Partnerin / Ihrem Partner eine Sprachnachricht. Sie / Er antwortet.

1. Welche Meldung ist wahr?
2. Welche kommt Ihnen komisch vor?
3. Was haben Sie zu Ihren Themen herausgefunden?

- Bis zum Ende des 21. Jahrhunderts verschwinden die Gletscher in den Alpen
- LÖWE IN DER NÄHE VON BERLIN ENTDECKT
- In den Kanälen von New York leben Krokodile
- *Flughafengebäude in Berlin wird Kultur- und Begegnungszentrum*

[Ich habe ein bisschen zum Thema … recherchiert. Ich habe herausgefunden, … Ich könnte mir schon vorstellen, dass … Aber, dass … Das kann ich mir ehrlich gesagt nicht vorstellen. Was würdest du sagen?]

21 Schule neu denken

1 Welche Fächer sind es? Suchen Sie noch sieben Nomen. KB 1

Hören Sie Situationen aus dem Unterricht und ergänzen Sie den Stundenplan.

sozialkunde|werkenphysikphilosophiegeschichtelateinchemiegeografie

MONTAG	DIENSTAG	MITTWOCH	DONNERSTAG	FREIT
Sozialkunde (1)	(3)	(5)	(7)	
Englisch	(4)	Spanisch	(8)	
(2)	Sport	(6)	Mathematik	

2 Partneraufgabe: Wie heißen die Wörter in anderen Sprachen? KB 3

Schicken Sie drei Sprachnachrichten an Ihre Partnerin / Ihren Partner. Sie / Er reagiert.

◆ Aufsatz ◆ Diktat ◆ Finanzen ◆ Konzentration ◆ Kreativität ◆ Methode ◆ Orchester ◆ Solidarität

[„Finanzen" heißt auf Englisch „finances".]   [Und auf Französisch heißt „Finanzen" „les finances".]

3 Das ist eine super Idee! KB 3 — SCHREIBEN

a Lesen Sie und ordnen Sie zu.

auch vorstellen | bin einverstanden | eigentlich hast | guter Vorschlag
~~hältst du~~ | klingt wirklich | super Idee | wir stattdessen

Burhan Was _hältst du_ (1) davon, wenn wir nächste Woche auf die große Studienmesse gehen?

Trixi Das ist ein _____ (2) und _____ (3) spannend, aber wir wollten doch eher eine Ausbildung machen. Vielleicht könnten _____ (4) auf eine Berufsmesse gehen. Nächsten Dienstag ist eine in der Südstadt. Könntest du dir das _____ (5)?

Burhan _____ (6) du recht. Ich _____ (7)! Wir könnten am Dienstag nach der Schule um 14 Uhr zusammen hinfahren.

Trixi Das ist eine _____ (8)! Ich freue mich schon!

b Partneraufgabe: Sie möchten mit Ihrer Partnerin / Ihrem Partner eine Ausstellung besuchen, sie / er möchte aber lieber ins Theater gehen. Schreiben Sie einen Chat wie in **a** und einigen Sie sich am Ende.

Übungen 21

4 *Passiv Präsens* mit Modalverb KB 3

a Eltern demonstrieren. Was fordern sie? Lesen Sie und verbinden Sie.

1 Die Bildung in Deutschland
2 Alle Klassenzimmer
3 Wir verlangen moderne PCs,
4 Unsere Kinder sind die Generation von morgen,

a sollten moderner gestaltet werden!
b die nicht vergessen werden darf!
c muss neu organisiert werden!
d mit denen wirklich gearbeitet werden kann!

b Markieren Sie die Verben und Modalverben in den Satzhälften a – d in **a**. Wo stehen sie in der Regel? Wo stehen sie in Nebensätzen?

5 Regeln in der Mensa. Schreiben Sie Sätze im Passiv. KB 3

a mitgebrachte Speisen nicht konsumieren dürfen
   Mitgebrachte Speisen dürfen nicht konsumiert werden.

b das Geschirr nach dem Essen wegräumen sollen

c Getränke nur mit der Geldkarte bezahlen können

d das Rauchverbot immer befolgen müssen

6 Was gilt für die Sommerkurse an der Sprachschule *Dialog*? KB 3
Lesen Sie und schreiben Sie Sätze im Passiv.

> Sprachschule *Dialog*
>
> 1. Unsere Sommerkurse sind so gut, dass Sie sie nicht verpassen dürfen!
> 2. Es gibt verschiedene Angebote, aus denen Sie wählen können.
> 3. Im Internet ist ein Einstufungstest, den Sie vor der Buchung unbedingt machen sollten.
> 4. Es gibt sechs Niveaustufen, die Sie erreichen können.
> 5. Bitte daran denken, dass Sie die Gebühren im Voraus überweisen müssen.

1. Unsere Sommerkurse sind so gut, dass sie nicht verpasst werden dürfen!

+ NOCH MEHR?
Seite 102

7 Digitalisierung in Schulen KB 5 — SCHREIBEN

a Ergänzen Sie.

andererseits   einerseits   gering   herausfinden   Kompetenz
Konkurrenz   ~~notwendig~~   unterrichten   Verlierer   vermutlich

DIGITALE BILDUNG: DAS MUSS SICH ÄNDERN

Digitale Bildung ist _notwendig_ (1) und wichtig. _____ (2) bringt sie viele Chancen und Vorteile, _____ (3) gibt es _____ (4) jetzt schon zahlreiche _____ (5). Viele Schulkinder lernen mit Tablets und anderen modernen Geräten, andere besuchen Schulen mit wenigen bis keinen digitalen Angeboten, obwohl die _____ (6) auf dem Arbeitsmarkt groß ist und daher die Berufschancen ohne digitale _____ (7) eher _____ (8) sind. Wissenschaftler*innen der Universität Hamburg wollten vor Kurzem _____ (9), wie die aktuelle Situation tatsächlich ist.
Das Ergebnis ihrer Studie: Fast einem Drittel der Schüler*innen fehlen aktuell sowohl die Geräte als auch die technischen Kenntnisse. In den nächsten Jahren soll deshalb deutlich mehr Geld in die technische Ausstattung von Schulen investiert werden. Viele Eltern fordern außerdem, dass Lehrkräfte bereits in der Grundschule das Fach Informatik _____ (10) sollen. Digitalisierung kann nämlich nicht früh genug beginnen!

b Lesen Sie die Reaktionen auf den Artikel in **a** und kreuzen Sie an.

@dIgItAl   Ich habe letztes Jahr mein Abi auf einem Technischen Gymnasium gemacht. Gut fand ich, dass wir täglich mit Tablets oder am Computer gelernt haben. Das hat mich immer ☒ motiviert ○ frustriert (1). 🙂

Benni3   Hey Leute. Meiner ○ Vorstellung ○ Erfahrung (2) nach hat die Autorin schon recht. Bei uns ist die Digitalisierung leider nicht so weit wie in anderen Ländern.

Magdalena   Also ich denke, dass nicht alles schlecht ist. Aber ich stimme zu, dass Kinder in Schulen zu wenig an digitalen Geräten lernen. Das könnte man noch ○ verbessern ○ verschlechtern (3). Informatik schon in der ersten oder zweiten Klasse: Wäre das nicht ○ fantasievoll ○ sinnvoll (4)?

Oldie_75   Mein Enkel erklärt mir immer, was sie in der Schule lernen. Er hilft mir auch, wenn ich Probleme mit meinem Laptop oder Smartphone habe. Das muss doch ○ toll ○ furchtbar (5) sein, wenn man von klein auf mit digitalen Medien lernt. Das stelle ich mir ○ wirklich ○ gar nicht (6) gut vor.

c Wie denken Sie über Digitalisierung in Schulen? Welche Vor- und Nachteile sehen Sie? Was waren Ihre Erfahrungen in der Schulzeit? Schreiben Sie einen Beitrag wie in **b**.

Ich   Meiner Meinung nach …

Übungen 21

8 Wortakzent: Komposita und Fremdwörter KB 6 ——————————— AUSSPRACHE

a Welche Silbe ist betont? Hören Sie und unterstreichen Sie. Ergänzen Sie dann die Regel.

1 Hauptschule – Stundenplan
2 Handarbeit – Klassenfahrt
3 Chemie – Physik
4 Konzentration – Geografie
5 Gesamtschule – Berufsleben
6 Referat – Konkurrenz

> ! Bei zusammengesetzten Nomen wird meistens das ○ erste ○ letzte Wort betont.

> ! Fremdwörter (Latein und Griechisch) werden oft auf der ○ ersten ○ letzten Silbe betont, z. B. *Physik*.

b Hören Sie noch einmal und sprechen Sie nach. Klatschen Sie auf der betonten Silbe.

c Hören Sie und sprechen Sie nach. Achten Sie auf die Betonung bei den **fetten** Wörtern.

> **Schulabschluss** – und danach?
> **Ausbildungsplatz** oder **Studienfach**?
> Ich mag Pol**it**ik,
> aber auch Mus**ik**.
> Kreativit**ät** muss sein!

> **Handarbeit**? Oder doch Lat**ein**?
> Ch**e**mie konnt' ich nie!
> Dann eher Philosoph**ie**.
> **Landwirtschaft** find' ich interess**ant**.
> Ach, ich beginn' als Praktik**ant**!

9 Schulsysteme im Vergleich KB 6 ——————————— SPRECHEN

a Welche zwei Schulsysteme werden verglichen? Hören Sie und kreuzen Sie an.

1 ○
Universität / Fachhochschule
Gesamtschule, Gymnasium, Realschule, Haupt-/Mittelschule (Klassen 5 - 13)
Grundschule (Klassen 1 - 4)
Krippe und Kindergarten (Kita)

2 ○
Universität / Fachhochschule
Lyzeum (3 Jahre)
Technikum (4 Jahre)
Berufsschule (3 Jahre)
Grundschule (Klassen 1 - 8)
Kindergarten, Nullklasse

3 ○
Universität
Gymnasium (Klassen 10 - 12)
Grundschule (Klassen 1 - 9)
Kindergarten

b Was sagt Pernilla? Hören Sie noch einmal und kreuzen Sie an.

c Wie ist das Schulsystem in Ihrem Land? Zeichnen Sie ein vereinfachtes Schaubild wie in **a** und erklären Sie das Schulsystem in einigen Sätzen wie Pernilla.

WIEDERHOLUNG

1 Was passt zusammen? Verbinden Sie.

1 Asyl   a Kita   f Diktat   k Gymnasium
2 Krippe   b Presse   g Antrag   l Referat
3 Latein   c Behörde   h Meldung   m Bescheid
4 Journalist   d Aufsatz   i Werken   n Quelle
5 Deutschunterricht   e Sozialkunde   j Grundschule   o Geografie

2 Was passt? Bilden Sie noch neun Wörter und ordnen Sie zu.

| an | auf | be | men | chen | er | fen | ver | gern | hal | län | lö | men | neh | ~~nen~~ |
| prü | schen | schlech | neh | sen | ten | tern | über | ver | wa | ~~war~~ | wei | zu |

a hinweisen = *warnen*
b abnehmen ↔ ____
c verkürzen ↔ ____
d vermuten = ____
e bekommen = ____
f behaupten ↔ ____
g speichern ↔ ____
h einschlafen ↔ ____
i kontrollieren = ____
j verbessern ↔ ____

3 Rätsel: Verben und Nomen

Finden Sie noch 13 Verben, lösen Sie das Rätsel und finden Sie das Lösungswort.

erhalten|genehmigen|versäumen|rasieren|fliehen|dekorieren|ausstellen
schminken|befolgen|vergleichen|absolvieren|verbreiten|korrigieren|unterrichten

eine Nachricht — E R H A L T E N
vor dem Krieg —
eine Frist —
das Gesicht —
zwei Preise —
einen Asylantrag —
einen Aufsatz —
die Barthaare —
einen Reisepass —
Regeln —
Chemie und Physik —
das Haus mit Blumen —
ein Studium —
Neuigkeiten —

4 Audiotraining: *Die Frist ist verlängert worden.*
Bilden Sie Sätze im *Passiv Perfekt*.

5 Audiotraining: *Musst du …?*
Hören Sie die Fragen und antworten Sie mit *Nein, ich brauche nicht …*

WIEDERHOLUNG

6 Was hältst du davon, wenn …?

a Welche Wörter fehlen? Lesen Sie und ergänzen Sie.

- ○ Was h<u>ältst</u> (1) du davon, wenn wir zusammen einen Kurs besuchen?
- ◻ K_____ (2) spannend! Welchen Kurs sollen wir buchen?
- ○ Könntest du dir v_____ (3), einen Sprachkurs zu machen? Vielleicht Englisch?
- ◻ Das ist ein guter V_____ (4)! Ich würde aber gern eine ganz neue Sprache lernen.
- ○ Eigentlich hast du r_____ (5). Wie wäre es mit Spanisch?
- ◻ Könntest du auch damit l_____ (6), wenn wir eine Sprache wie Japanisch lernen würden?
- ○ Ich weiß nicht. Könnten wir s_____ (7) doch was anderes machen, vielleicht einen Kochkurs? Das wäre praktisch, weil wir dann gleich neue Rezepte ausprobieren könnten.
- ◻ E_____ (8), dann buchen wir den Kochkurs. Das ist eine super I_____ (9)!
- ○ Super! Ich freue mich schon!

b Hören Sie und sprechen Sie ◻.

7 Audiotraining: *Ich dusche, statt zu baden.*

Hören Sie und sagen Sie Sätze mit *statt*.

8 Sind Zeitreisen wirklich möglich? — SPRECHEN

a Ihre Freundin / Ihr Freund möchte wissen, ob Zeitreisen möglich sind, spricht aber kein Deutsch. Recherchieren und lesen Sie Artikel zu diesem Thema in Ihrer Sprache.

b Lesen Sie und unterstreichen Sie die wichtigsten Informationen. Fassen Sie dann die Hauptbotschaft des Beitrags in der Sprache Ihrer Freundin / Ihres Freundes zusammen.

---

www.webzeitung.de/digitale_bildung

Felis Wissenschaftsblog

Ich habe ein bisschen zum Thema „Zeitreisen" recherchiert und herausgefunden, dass es Zeitreisen bis heute nur in Büchern und Filmen gibt. Zur Frage, ob Zeitreisen in Wirklichkeit möglich sind, habe ich viele wissenschaftliche Überlegungen gefunden. Der Physik-Professor Brian Greene behauptet z. B., dass Zeitreisen möglich sind, aber nur in eine Richtung, nämlich in die Zukunft. Tatsache ist, dass laut Einsteins Theorien ein Mensch bereits dann in die Zukunft reist, wenn er ins Weltall fliegt, sich dort mit hoher Geschwindigkeit fortbewegt oder sich in der Nähe eines Schwarzen Lochs befindet. Im Vergleich zu anderen Menschen reist er in die Zukunft, denn die Zeit vergeht für ihn langsamer. Eine Reise in die Vergangenheit könnte zukünftig durch so genannte „Wurmlöcher" möglich werden, also Tunnel, durch die man schneller von einem Ort zum anderen kommen kann. Ich könnte mir schon vorstellen, dass in Zukunft noch mehr zu diesem Thema geforscht wird. Ohne lange nachzudenken, würde ich aber sagen, dass es sehr unwahrscheinlich ist, dass Zeitreisen jemals Teil unseres Alltags sein werden. Das kann ich mir ehrlich gesagt nicht vorstellen.

TEST – SPRECHEN, LESEN

1 Morgenroutine — SPRECHEN

a Lesen Sie die Fragen und notieren Sie Ihre Antworten.

1 Wie fängt der Morgen für dich an?
   Normalerweise …   früh aufstehen   lang im Bett liegen   lang schlafen   …

2 Was machst du zuerst im Bad?
   Sehr oft ist es so, …   Gesicht waschen   Zähne putzen   duschen   …

3 Was machst du noch im Bad?
   Außerdem …   Haare waschen   rasieren   schminken   …

4 Was frühstückst du?
   Natürlich …   schnell Müsli essen   viel essen   nicht frühstücken   …

5 Was trinkst du morgens?
   Bei uns ist es üblich, …   Kaffee trinken   Saft trinken   Tee trinken   …

6 Wie fährst du in die Arbeit?
   In der Regel …   Auto fahren   den Bus nehmen   Fahrrad fahren   …

1. Normalerweise liege ich lang im Bett und stehe dann um circa 9 Uhr auf. 2. …

b Alice berichtet von ihrer Morgenroutine und stellt Ihnen Fragen. Hören Sie und antworten Sie. Benutzen Sie Ihre Notizen aus **a**.

_____ / 6 Punkte

2 Lesen Sie den Text und kreuzen Sie an: *richtig* oder *falsch*? — LESEN

In einem Experiment wurde untersucht, wie sich das Hören von Musik während der Arbeit auf die Produktivität von Angestellten auswirkt. Konkret sollte herausgefunden werden, ob das Musikhören die Leistung steigert, verschlechtert oder überhaupt nicht beeinflusst. An der Studie nahmen Freiwillige teil, die keine Probleme mit dem Hören hatten und in vergleichbaren Arbeitsumgebungen tätig waren. Die Teilnehmenden wurden zufällig in zwei Gruppen unterteilt: Die eine Gruppe hörte während der Arbeit Musik, die andere arbeitete still. Die Auswertung der Ergebnisse zeigte, dass die Gruppe, die während der Arbeit Musik gehört hatte, im Vergleich zu der Kontrollgruppe eine viel höhere Produktivität zeigte. Es wird angenommen, dass Musik einen positiven Einfluss auf die Produktivität von Angestellten hat, weil sie das Arbeitsklima angenehmer macht – was eine erhöhte Konzentration zur Folge hat.

		richtig	falsch
a	Es sollte untersucht werden, wie Musik die Arbeit beeinflusst.	☒	○
b	Die Teilnehmer waren verpflichtet, an der Studie teilzunehmen.	○	○
c	Sie mussten gut hören können und unterschiedliche Jobs haben.	○	○
d	Sie wurden nach ihrem Geschlecht in zwei Gruppen aufgeteilt.	○	○
e	Eine Gruppe machte den Test mit, die andere ohne Musik.	○	○
f	Mit Musik arbeitet man unaufmerksamer und daher schlechter.	○	○
g	Musik verbessert die Atmosphäre und steigert die Konzentration.	○	○

_____ / 6 Punkte

TEST – HÖREN, SCHREIBEN

3 Was passt? Hören Sie und kreuzen Sie an. — HÖREN

Ruza und Kay besuchen die ○ Uni ☒ Berufsschule (1). Sie sollen am Tag der offenen Tür ihre ○ Ausbildung ○ Schule (2) näher vorstellen. Ruza möchte ○ Plakate ○ Folien (3) benutzen, Kay die ○ Vorteile ○ Inhalte (4) der Ausbildung ○ theoretisch ○ praktisch (5) zeigen. Beide sind für ○ spielerische ○ herausfordernde (6) Fragen für das Publikum. Kay schlägt ○ Infomaterialien ○ Werbegeschenke (7) für die Gäste vor.

____ / 6 Punkte

4 Sind Sie für oder gegen digitale Wahlen? — SCHREIBEN

Lesen Sie die Argumente von Kanga46 und schreiben Sie dann einen eigenen Kommentar mit drei Sätzen. Orientieren Sie sich an den Argumenten im Schaubild unten.

www.wichtigefragen.net/forum/digitalwahlen

WICHTIGE FRAGEN

PolitikGenie In vielen Ländern gibt es schon digitale Wahlen, deutschsprachige Länder zögern noch. Findet ihr das gut?

Kanga46 Meiner Erfahrung nach können traditionelle Papierwahlen zu vielen Problemen führen, z. B. können die Auszählzeiten zu lange dauern oder durch falsches Ankreuzen ungültige Stimmen abgegeben werden. Es ist zwar richtig, dass es auch bei elektronischen Wahlen Herausforderungen gibt, wie z. B. mögliche Hackerangriffe oder Stimmenkäufe, was die Demokratie gefährden könnte. Doch insgesamt sind digitale Wahlen heute ziemlich sicher und im Vergleich zu Papierwahlen bequem und praktisch. 🙂

Ich Meiner Meinung nach … Es ist tatsächlich so, dass … Im Vergleich zu …

Vor- und Nachteile von digitalen Wahlen

Pro
- überall und rund um die Uhr abstimmen
- Unterlagen kommen nicht zu spät an
- kein falsches Ankreuzen, weniger ungültige Stimmen

Kontra
- Sicherheitsrisiken wie Hackerangriffe
- Manipulationen wie Stimmenkäufe
- Wählerstimmen können per Hand nicht nachgezählt und kontrolliert werden

____ / 6 Punkte

☺ 20 – 24 Punkte
🙂 13 – 19 Punkte
☹ 0 – 12 Punkte

FOKUS BERUF – VORSTELLUNGSGESPRÄCH (III)

www.berufe-netz.com

ALINA HORVAT 63 Kontakte

Zimmerin

Heilbronn, Deutschland

Über mich:
In Slowenien habe ich Architektur studiert, aber ich wollte lieber handwerklich arbeiten und hatte Glück: In Deutschland konnte ich ein Praktikum und dann eine Ausbildung in einer Zimmerei machen. Die Ausbildung habe ich inzwischen mit sehr guten Noten abgeschlossen. Nun suche ich aus privaten Gründen eine Stelle in Magdeburg. Ich habe bereits zwei Einladungen zu Vorstellungsgesprächen bekommen und bin gespannt …

1 Was wissen Sie über Alina? Lesen Sie ihr Profil und sprechen Sie.

2 Häufige Fragen im Vorstellungsgespräch

a Welche Fragen werden in Vorstellungsgesprächen oft gestellt? Machen Sie eine Liste im Kurs. Überfliegen Sie dann den Text und ergänzen Sie die Liste.

SCHWIERIGE FRAGEN IM VORSTELLUNGSGESPRÄCH: SO ANTWORTEN SIE RICHTIG!

Sie haben eine Einladung zum Vorstellungsgespräch bekommen? Wunderbar! Damit am Ende alles klappt, sollten Sie sich auf das Gespräch gut vorbereiten – besonders auf diese Fragen:

1. Beschreiben Sie Ihre Stärken und Schwächen.
Viele versuchen witzig zu sein: „Meine Schwäche? Erdbeerkuchen mit Sahne." Solche Antworten kommen in der Regel nicht gut an. Seien Sie lieber ehrlich und nennen Sie eine oder zwei wirkliche Schwächen. Vielleicht haben Sie keine perfekten Sprachkenntnisse oder wenig Berufserfahrung? Wählen Sie Schwächen aus, die für Ihren Wunschjob nicht so wichtig sind. Pluspunkte sammeln Sie, wenn Sie erklären, was Sie tun, um sich zu verbessern.

2. Wie gehen Sie mit Stress um?
Antworten Sie nicht, dass Sie immer entspannt sind. Das glaubt Ihnen niemand! Beschreiben Sie lieber, wie Sie mit einer stressigen Situation erfolgreich umgegangen sind. Sie können auch erklären, welche Strategien Sie meistens nutzen, um Stress zu vermeiden (z. B. Prioritäten setzen, die Zeit gut einteilen) oder sich von Stress zu erholen (z. B. Sport machen, meditieren).

3. Wie gehen Sie mit Konflikten in der Arbeit um?
Antworten Sie nicht, dass Sie Konflikte immer vermeiden. Beschreiben Sie eher, wie Sie einen Konflikt gelöst haben, und zeigen Sie, welche positiven Eigenschaften oder Strategien dabei geholfen haben (z. B. ruhig bleiben, Missverständnisse klären).

4. Wo sehen Sie sich in fünf Jahren?
Antworten wie „Ich weiß nicht so genau" machen keinen guten Eindruck. Sagen Sie lieber, was Sie beruflich erreichen möchten (z. B. Ihre Fachkenntnisse verbessern, langfristig im Unternehmen arbeiten). Ideal ist, wenn Ihre Ziele zu den Zielen der Firma passen.

5. Haben Sie Fragen an uns?
Hier können Sie z. B. fragen, wie ein typischer Arbeitstag aussieht, wie die Einarbeitung abläuft oder wie die Arbeitszeiten geregelt sind. Weniger geeignet sind direkte Fragen nach dem Gehalt oder Extras (z. B. freie Tage, Firmenwagen). Diese Fragen werden meist später geklärt.

FOKUS BERUF – VORSTELLUNGSGESPRÄCH (III)

b Lesen Sie den Artikel in **a** noch einmal und ergänzen Sie die Checkliste.

Frage	🙂	☹️
1	• _ehrlich_ sein und eine oder zwei Schwächen nennen • erklären, was man tut, um sich zu _____	• versuchen, _____ zu sein
2	• berichten, wie man erfolgreich mit einer stressigen Situation _____ ist • sagen, welche _____ man meistens nutzt	• sagen, dass man immer _____ ist
3	• sagen, wie man einen Konflikt _____ hat • sagen, welche Strategien / positiven _____ geholfen haben	• Antworten wie „Ich _____ Konflikte!"
4	• über berufliche _____ sprechen	• Antworten wie „_____ so genau"
5	• Fragen zum Ablauf des Arbeitstags, zur Einarbeitung oder zu den _____	• direkte Fragen zum _____ oder zu Extras

3 Alinas Vorstellungsgespräch

Lesen Sie und sprechen Sie zu zweit: Was sollte Alina antworten und warum? Orientieren Sie sich an der Checkliste in **2b**.

1 „Beschreiben Sie Ihre Stärken und Schwächen."

A Ich bin kreativ und lösungsorientiert. Außerdem kann ich gut organisieren. Leider habe ich nur Grundkenntnisse in Englisch. Ich mache aber gerade einen Online-Kurs, um meine Sprachkenntnisse zu verbessern.

B Ich bin zuverlässig und immer pünktlich. Außerdem lerne ich schnell. Ich habe in kurzer Zeit sehr gut Deutsch gelernt. Darauf bin ich stolz. Große Schwächen habe ich eigentlich keine. Na ja, vielleicht versuche ich manchmal, zu perfekt zu sein.

2 „Wo sehen Sie sich in fünf Jahren?"

A Vielleicht möchte ich dann in einer Führungsposition arbeiten. Ich bin aber nicht sicher. In fünf Jahren kann viel passieren – man muss flexibel bleiben.

B Mein Ziel ist es, in den nächsten fünf Jahren mein Fachwissen zu erweitern. In Ihrem Betrieb kann ich viel lernen, denn Sie fördern die fachliche Entwicklung der Angestellten. Das finde ich gut.

3 „Haben Sie Fragen an uns?"

A Könnten Sie mir sagen, wie viele Stunden man arbeiten muss und wie viel man verdient?

B Ich hätte eine Frage zu den Arbeitszeiten: Gibt es feste Arbeitszeiten oder Gleitzeit?

4 Wie gehen Sie mit Stress um?

a Wie würden Sie auf die fünf Fragen in **2a** antworten? Sammeln und notieren Sie Ideen.

b Arbeiten Sie zu dritt. Spielen Sie ein Vorstellungsgespräch: Partner/in A fragt, Partner/in B antwortet mit den Ideen aus **a**. Die dritte Person hört zu und gibt am Ende Feedback: Was war besonders gut? Was kann man noch verbessern? Tauschen Sie dann die Rollen.

PRÜFUNGSTRAINING DTZ

1 Vorbereitung — HÖREN 3

a Was passt? Verbinden Sie.

Das ist die Situation:
1 Zwei Personen sprechen über die Arbeit.
2 Die Leute stehen an der Ampel.
3 Timo redet mit seiner Nachbarin.
4 Carla und Timo wollen in den Urlaub fahren.

Frage:
a Wer spricht mit wem?
b Welche Pläne haben die Personen?
c Wo sprechen die Personen?
d Was ist das Thema des Gesprächs?

b Lesen Sie und markieren Sie: *Wer? Was? Wann? Wo?*

1 *Frau Meier* will *heute Abend* *Kuchen backen*.
   ○ richtig ○ falsch

2 Nächstes Jahr wird Alisha eine Ausbildung in Kiel beginnen.
   ○ richtig ○ falsch

3 Luise hatte gestern einen Arzttermin.
   ○ richtig ○ falsch

4 Ramón hat derzeit zweimal pro Woche auf dem Sportplatz Fußballtraining.
   ○ richtig ○ falsch

> ! Die Informationen *(Wer? / Was? / Wann? / Wo?)* können an unterschiedlichen Stellen im Satz stehen.

c 4 ◀)) 20 Hören Sie und achten Sie auf die markierten Wörter in **b**. Kreuzen Sie dann in **b** an: *richtig* oder *falsch*.

d 4 ◀)) 21 Lesen Sie die Aufgaben ganz genau. Hören Sie dann und kreuzen Sie an: a, b oder c.

1 Das Café
   a schließt heute wie immer.
   b macht heute um 16 Uhr zu.
   c hat heute länger geöffnet.

2 Toni braucht das Päckchen
   a sofort.
   b spätestens morgen.
   c erst nächste Woche.

3 Alicia möchte
   a ihren Job kündigen.
   b den alten Chef zurück.
   c noch mehr Bewerbungen schreiben.

> ! In den Aufgaben gibt es drei mögliche Antworten zum gleichen Aspekt (z. B. *Zeit*). Lesen Sie die Aufgaben deshalb genau und achten Sie auf die Unterschiede.

PRÜFUNGSTRAINING DTZ

2 In der Prüfung — HÖREN 3

Sie hören vier Gespräche. Zu jedem Gespräch gibt es zwei Aufgaben. Entscheiden Sie bei jedem Gespräch, ob die Aussage dazu richtig oder falsch ist und welche Antwort (a, b oder c) am besten passt. Markieren Sie Ihre Lösungen für die Aufgaben 1 – 8 auf dem Antwortbogen.

Beispiel
Charly möchte einen Termin verschieben.   ☒ richtig   ☐ falsch

Der Termin muss
a   unbedingt am Nachmittag sein.
b   vor Juli stattfinden.
c   an einem Montag oder Dienstag sein.   ☐ a   ☐ b   ☒ c

1   Die Frau sucht Arbeit in einem Supermarkt.
    richtig / falsch?

2   Der jetzige Kindergarten
    a   ist zu weit weg.
    b   hat keine passenden Öffnungszeiten.
    c   schließt im Mai.

3   Es fehlen noch Möbel im Wohnzimmer.
    richtig / falsch?

4   Die Lieferung der Regale
    a   fand am Dienstag statt.
    b   war für Montag geplant.
    c   wurde telefonisch abgesagt.

5   Der Mann will ein Fotoalbum kaufen.
    richtig / falsch?

6   Er bekommt den Tipp,
    a   schöne Fotos vom Baby zu machen.
    b   lieber nichts zu schenken.
    c   den jungen Eltern zu helfen.

7   Die Frau hat einen Schlüssel gefunden.
    richtig / falsch?

8   Der Schlüssel war
    a   in der Tasche.
    b   im Eiscafé.
    c   in der Firma.

PRÜFUNGSTRAINING DTZ

1 Vorbereitung — LESEN 5

a Lesen Sie die Sätze aus einer formellen Geschäfts-E-Mail. Was ist anders? Vergleichen Sie **a** und **b** und unterstreichen Sie.

1. **a** Sehr geehr<u>ten</u> Herr Müller, …
   ☒ Sehr geehr<u>ter</u> Herr Müller, …

2. **a** … wir interessieren uns für …
   b … wir interessieren euch für …

3. **a** … Ihre neue Stelle …
   b … deine neue Stelle …

4. **a** Wir melden uns zu Ihnen, weil …
   b Wir melden uns bei Ihnen, weil …

5. **a** Bitte sagen Sie Bescheid, ob …
   b Bitte sprechen Sie Bescheid, ob …

6. **a** Wir bitten um Rückmeldung bis …
   b Wir bitten um Rückfahrt bis …

7. **a** Melden Sie sich, während Sie Fragen haben.
   b Melden Sie sich, falls Sie Fragen haben.

8. **a** Mit freundlichen Grüßen
   b Bis bald!

b Lesen Sie die Sätze in **a** noch einmal und achten Sie auf die Unterstreichungen. Was ist richtig? Beantworten Sie für jeden Satz die Fragen 1–3 und kreuzen Sie dann in **a** an.

1. Macht das Wort Sinn? Passt es zum Inhalt?
2. Passt die Grammatik?
3. Passt das Wort stilistisch? Ist es z. B. höflich genug?

c Lesen Sie die E-Mail und die Antwortmöglichkeiten. Kreuzen Sie dann an.

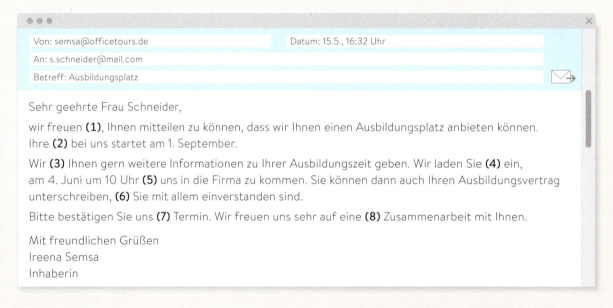

Von: semsa@officetours.de   Datum: 15.5., 16:32 Uhr
An: s.schneider@mail.com
Betreff: Ausbildungsplatz

Sehr geehrte Frau Schneider,

wir freuen **(1)**, Ihnen mitteilen zu können, dass wir Ihnen einen Ausbildungsplatz anbieten können. Ihre **(2)** bei uns startet am 1. September.

Wir **(3)** Ihnen gern weitere Informationen zu Ihrer Ausbildungszeit geben. Wir laden Sie **(4)** ein, am 4. Juni um 10 Uhr **(5)** uns in die Firma zu kommen. Sie können dann auch Ihren Ausbildungsvertrag unterschreiben, **(6)** Sie mit allem einverstanden sind.

Bitte bestätigen Sie uns **(7)** Termin. Wir freuen uns sehr auf eine **(8)** Zusammenarbeit mit Ihnen.

Mit freundlichen Grüßen
Ireena Semsa
Inhaberin

	1	2	3	4	5	6	7	8
a	euch	Kündigung	möchten	damals	mit	wenn	das	neue
b	☒ uns	Bewerbung	sollen	danach	bei	weil	dem	gute
c	sich	Ausbildung	müssen	deshalb	zu	warum	den	schnelle

2 In der Prüfung — LESEN 5

Lesen Sie den Text und schließen Sie die Lücken 1–6. Welche Lösung (a, b oder c) passt am besten? Markieren Sie Ihre Lösungen auf dem Antwortbogen.

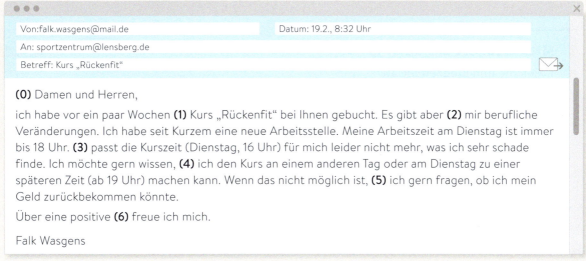

Von: falk.wasgens@mail.de   Datum: 19.2., 8:32 Uhr
An: sportzentrum@lensberg.de
Betreff: Kurs „Rückenfit"

(0) Damen und Herren,

ich habe vor ein paar Wochen **(1)** Kurs „Rückenfit" bei Ihnen gebucht. Es gibt aber **(2)** mir berufliche Veränderungen. Ich habe seit Kurzem eine neue Arbeitsstelle. Meine Arbeitszeit am Dienstag ist immer bis 18 Uhr. **(3)** passt die Kurszeit (Dienstag, 16 Uhr) für mich leider nicht mehr, was ich sehr schade finde. Ich möchte gern wissen, **(4)** ich den Kurs an einem anderen Tag oder am Dienstag zu einer späteren Zeit (ab 19 Uhr) machen kann. Wenn das nicht möglich ist, **(5)** ich gern fragen, ob ich mein Geld zurückbekommen könnte.

Über eine positive **(6)** freue ich mich.

Falk Wasgens

Beispiel
(0) a Liebe
    b Hallo
    c Sehr geehrte ☒ c

1 a den
   b die
   c dem

2 a mit
   b zu
   c bei

3 a Deshalb
   b Dabei
   c Diesmal

4 a wenn
   b wann
   c ob

5 a werde
   b würde
   c muss

6 a Rückmeldung
   b Rückkehr
   c Rücksicht

22 Ein politisches Leben

1 Mich erinnert das an … K KB 1 — SCHREIBEN

a Lesen Sie und kreuzen Sie an.

> **Sebi** Habe ein Goethe-Zitat gefunden: „Nichts ist schrecklicher als ein Lehrer, der nicht mehr weiß als das, was die Schüler wissen sollen." Mich ☒ erinnert ○ gewöhnt (1) das an ein Vorurteil: dass man in der Schule nichts lernt, weil Lehrer von nichts eine Ahnung haben. Versteht ihr das Zitat genauso?
>
> **KayaGirl** Für mich ○ beachtet ○ bedeutet (2) das, dass ein Lehrer nicht nur das unterrichten sollte, was im Lehrplan steht, sondern viel mehr. Nur so lernen Schüler fürs Leben.
>
> **Lulu198** Ich ○ realisiere ○ verstehe (3) das Zitat so: Ein Lehrer sollte mehr wissen als das, was in den Büchern steht, denn sonst kann er keine zusätzlichen Fragen beantworten.
>
> **BoBo MUC** Ich ○ denke ○ glaube (4) dabei an Lehrer als Vorbilder. Von einem Lehrer, der nur weiß, was in den Schulbüchern steht, lernt man nicht, neugierig nach neuem Wissen zu sein.

b Wie verstehen Sie das Zitat in **a**? Schreiben Sie einen Beitrag wie in **a**.

---

2 Der Deutsche Bundestag W KB 3

a Finden Sie noch sieben Nomen und ergänzen Sie.

p a r l a m e n t | k o m p r o m i s s p a r t e i e n r e g i e r u n g a b g e o r d n e t e s t i m m e w a h l m i n i s t e r

Der Bundestag in Berlin ist das deutsche _Parlament_ (1). Hier arbeiten und diskutieren _____ (2), also Politiker, die alle vier Jahre bei der Bundestags_____ (3) gewählt werden. In der Regel gehören sie verschiedenen _____ (4) an und vertreten im Bundestag die unterschiedlichen Interessen des deutschen Volkes. Sie haben wichtige Aufgaben. Sie entscheiden z. B., wie viel Geld für Universitäten oder Straßen ausgegeben werden darf, und verabschieden Gesetze. Bei unterschiedlichen Meinungen diskutieren sie, bis ein _____ (5) gefunden wird. Bei der Wahl zum Bundeskanzler hat jeder Abgeordnete eine _____ (6). Der Bundeskanzler und die _____ (7), die für bestimmte Aufgabenbereiche wie Umweltschutz oder Familienpolitik zuständig sind, bilden zusammen die _____ (8) und leiten das Land unter der Kontrolle der Abgeordneten.

b Partneraufgabe: Schicken Sie sich mehrere Textnachrichten. Beschreiben Sie abwechselnd die acht Nomen aus **a** und übersetzen Sie sie in andere Sprachen.

> Hier arbeiten und diskutieren Politiker. Auf Englisch sagt man *parliament* dazu und auf Portugiesisch *parlamento*.

> Meinst du das Parlament?

> Richtig!

Übungen 22

3 Was passt zusammen? Verbinden Sie. KB 3

Bundeskanzler	Leben		Blatt	global
Beamter	Richter		passiv	Tod
lokal	Baum		Gericht	Aufforderung
Bitte	aktiv		Bundespräsident	Angestellter

4 Irrealer Vergleich mit *als ob* KB 4

Lesen Sie die Schlagzeilen und ergänzen Sie die fehlenden Wörter in der Tabelle.

> Der Kanzler tut so, als ob er die Wahl schon gewonnen hätte.

> Es wirkt nicht so, als ob die Wähler*innen unzufrieden wären.

> Es sieht so aus, als ob die SPD diesmal gewinnen würde.

	Hauptsatz	Nebensatz		
				Ende
1	Es sieht so aus,	als	die SPD diesmal	_____ .
2	Es wirkt nicht so,	___	die Wähler*innen	_____ .
3	Der Kanzler tut so,	___	er die Wahl schon	_____ .

5 Die Klima-Aktivisten KB 4

Lesen Sie und ergänzen Sie *hätte*, *wäre* und *würde* in der richtigen Form.

Green_Jonny Gestern gab es in ganz Deutschland wieder viele Proteste von Klima-Aktivisten. Ich finde das gut! Und: Ich bewundere ihren Mut! 👋

Muffel99 Ich überhaupt nicht. Ich meine, sie tun doch nur so, als ob sie mutig _wären_ (1). In Wirklichkeit verstecken sie sich hinter anderen und laufen weg, wenn die Polizei kommt!

GertieC. Was? Das stimmt doch gar nicht! Es sieht nicht nur so aus, als ob jeder Klima-Aktivist mutig und engagiert für eine bessere Welt kämpfen _____ (2). Es ist wirklich so!

SchlauBär Na ja, das Problem ist doch: Die meisten Leute tun so, als ob die Klimakatastrophe mit ihnen nichts zu tun _____ (3). Doch das ist falsch! Merkt euch meine Worte!

Gitti_1996 Leute, es sieht tatsächlich so aus, als ob die Klima-Aktivisten mit ihren Vorhersagen recht _____ (4). Deshalb unterstütze ich sie! Und das solltet ihr auch tun!

KrissKross Es wirkt auf den ersten Blick vielleicht so, als ob der Klimaschutz wirklich ihre Hauptmotivation _____ (5)! Doch sie tun nur so, als ob sie sich für eine gute Sache einsetzen _____ (6). In Wirklichkeit wollen sie nur Aufmerksamkeit und denken nur an sich, finde ich!

6 Lara schimpft mit ihren Bus-Mitbewohnern G KB 4

Schreiben Sie *als ob*-Sätze.

a Im Bus sieht es so aus, ... (Wir haben monatelang nicht aufgeräumt.)
b Überall liegen schmutzige Klamotten herum. Es wirkt so, ... (Wir werfen alles einfach nur so auf die Sitze und auf den Boden.)
c Ihr tut so, ... (Ihr seid fürs Aufräumen nicht zuständig.)
d Es scheint, ... (Unser Leben ist das reinste Chaos.)

> a. Im Bus sieht es so aus, als ob wir monatelang nicht aufgeräumt hätten.

+ NOCH MEHR?
Seite 103

7 Neueinsatz am Silbenanfang KB 5 — AUSSPRACHE

a Hören Sie und sprechen Sie nach. Achten Sie auf die Pause (Neueinsatz |).

1 Ver|antwortung – |Abge|ordnete – |Er|innerung – be|eindrucken – ge|eignet – Be|amtin
2 Berufs|erfahrung – |Umwelt|aktivistin – Vor|urteil – Neu|orientierung

> Husten Sie leise, um den Neu|einsatz zu fühlen.
> Man spricht den Neueinsatz am Anfang von Silben, die mit einem Vokal beginnen.

b Hören Sie und markieren Sie die Neueinsätze |, die in Wörtern gesprochen werden. Lesen Sie die Sätze dann laut.

1 |Ein Vor|urteil gegenüber Beamten |ist, dass sie sehr pünktlich Feierabend machen.
2 |Als |Umweltaktivistin versuche |ich |immer wieder, Termine mit |Abgeordneten zu vereinbaren.
3 Bitte beeilen Sie sich, damit die |Arbeit vor der |Eröffnung fertig wird.
4 Die Mitarbeiter können viel voneinander lernen, deshalb sollen sie |Aufgaben zusammen bearbeiten.
5 |Ich bin beunruhigt |und finde |es |unerträglich, so lange |auf |eine |Arbeitserlaubnis zu warten.

8 Der neue, helle Stern am Politikhimmel W KB 5

a Suchen Sie noch sieben Nomen und ordnen Sie mit Artikel zu.

1 auswählen
2 beeinflussen
3 fordern
4 hoffen
5 kämpfen
6 entwickeln
7 streiten — der Streit
8 wirken

```
E X Z U Q A U S W A H L
I E N T W I C K L U N G
N C N K A M P F Ü G L I
F Z W I R K U N G K R V
L S I M S R S T R E I T
U F O R D E R U N G Ö D
S Ä Y W H K F Q Z A M X
S J B H O F F N U N G Ü
```

b Lesen Sie und ergänzen Sie die passenden Wörter aus **a**.

Die erstaunliche politische Entwicklung **(1) der Maria Sailer: Mit 24 direkt in den Bundestag?**

Sie ist sich für keinen Konflikt und _____ (2) zu schade: Maria Sailer, der helle Stern und die neue _____ (3) am Politikhimmel. Sie gehört zur _____ (4) an jungen Politikerinnen und Politikern, die dieses Jahr eine große Chance haben, in den Bundestag gewählt zu werden. Mit ihrer _____ (5) nach einer bürgerfreundlicheren Politik schaffte sie es, ihre Partei und viele Menschen hinter sich zu bringen. Sie fasziniert die Leute. Man hört ihr zu und macht, was sie sagt. Ihr _____ (6) und ihre _____ (7) in der Politik und im Volk sind also ziemlich groß. Den Wahl_____ (8) scheint sie schon gewonnen zu haben, bevor er so richtig angefangen hat!

9 Radiomeldung zu Hannelore Elsner KB 5 — SPRECHEN

a Hören Sie die Meldung aus dem Audio-Archiv eines Radiosenders und kreuzen Sie an: *richtig* oder *falsch*?

	richtig	falsch
1 Ein Frankfurter Platz erinnert an eine deutsche Schauspielerin.	☒	○
2 Der Platz hieß früher anders.	○	○
3 Bis zu ihrem Tod galt Hannelore Elsners Interesse nur der Schauspielerei.	○	○
4 Ihr Ziel war es, armen Kindern und Kranken zu helfen.	○	○
5 Sie hat andere Menschen mit ihrem eigenen Geld unterstützt.	○	○
6 Für ihr Engagement hat sie einen Preis bekommen.	○	○

b Lesen Sie die Forumsbeiträge zur Radiomeldung in **a** und ordnen Sie zu.

~~beeindruckt~~   bekannt   Besondere   bewundere   Ersten   fasziniert   leisten   Mut   Öffentlichkeit   Preis

Kcha Mich beeindruckt (1) und _____ (2) es gleichermaßen, wie Hannelore Elsner ihre Berühmtheit genutzt hat, um verzweifelten Menschen zu helfen! Es ist Zeit, dass die breite _____ (3) von ihren guten Taten erfährt!

PiaF Was heute _____ (4) gegeben wurde, freut mich besonders. Als Schauspielerin war Hannelore Elsner wahrscheinlich eine der _____ (5), die sich für Straßenkinder einsetzte, also für Kinder, die kein Zuhause haben und sich nichts _____ (6) können. Auch ihr Engagement für die Aidshilfe finde ich toll. Das _____ (7) daran war, dass Elsner für ihre Überzeugung gekämpft und nicht aufgegeben hat. Dafür hat sie zu Recht einen sehr wichtigen _____ (8) bekommen!

Annuska78 Ich _____ (9), dass sie in ihrem Leben so viel Gutes getan hat. Sie ist mein Vorbild und ihr Lebensweg macht mir richtig _____ (10)!

c Ihr Freund Dino hat die Meldung in **a** angehört, aber nicht ganz verstanden. Lesen Sie seine Textnachricht. Hören Sie dann noch einmal und lesen Sie auch die Forumsbeiträge in **b**. Machen Sie Notizen und antworten Sie Dino mit einer Sprachnachricht.

> Hallo, was wird in dieser Meldung im Audio-Archiv genau gesagt?
> Und: Wie denken die Leute eigentlich über Hannelore Elsner? Dino

23 Was wäre passiert, wenn ... ?

1 Die Berliner Mauer KB 4 — SPRECHEN

a Was passt? Kreuzen Sie an.

www.alles-berlin.de/mauer

WAS MAN IN BERLIN GESEHEN HABEN MUSS:
Die Gedenkstätte Berliner Mauer an der Bernauer Straße

An den meisten Stellen ist die Mauer, die von 1961 an ☒ quer ○ gesamt (1) durch Berlin führte, ○ zerstört ○ vergangen (2). ○ Teilweise ○ Einerseits (3) kann man aber noch Reste der ○ traditionellen ○ ehemaligen (4) Grenze sehen, z. B. an der Gedenkstätte an der Bernauer Straße. Dort kann man auf einem ○ Streifen ○ Kreis (5) mit einer ○ Höhe ○ Länge (6) von 70 Metern sehen, wie die Grenze zwischen der BRD und der DDR ausgesehen hat. Es gibt sogar noch einen ○ Sturm ○ Turm (7), von dem aus die Soldaten die Grenze beobachten konnten. Die ○ Lage ○ Anlage (8) kann von den Besuchern nicht ○ betreten ○ vertreten (9) werden, denn sie ○ dient ○ verdient (10) jetzt als ○ Denkmal ○ Dokument (11), das die Erinnerung an die Teilung Deutschlands ○ aufwachen ○ wachhalten (12) soll.

AUS DER GESCHICHTE: Die Wiedervereinigung 1989–1990

Im Herbst 1989 gab es in der DDR ○ Proteste ○ Programme (13) gegen die ○ Regie ○ Regierung (14). Die ○ Bewegung ○ Bevölkerung (15) wollte nach fast 40 Jahren Sozialismus mehr Freiheit. Am 9. November wurde dann die ○ innerdeutsche ○ internationale (16) Grenze geöffnet. Deutschland wurde am 3. Oktober 1990 ○ wiedervereinigt ○ geeinigt (17), und die BRD bekam fünf neue ○ Bundesländer ○ Staaten (18).

b Lesen Sie die Nachricht und fassen Sie dann die Informationen aus den Texten in **a** in eigenen Worten in einer Sprachnachricht für Avital zusammen.

> Morgen fahre ich endlich nach Berlin! Ich freue mich schon so. 😃 Was sollte ich dort unbedingt besuchen? LG Avital

2 Ergänzen Sie die deutschen Wörter mit Artikel und vergleichen Sie. KB 4

	Deutsch	Englisch	Andere Sprachen
a	der Protest	protest	
b		revolution	
c		monument	
d		industry	

Übungen

3 Lesen Sie und ordnen Sie zu. KB 5

abnehmen | Arten | Bescheid | blühen | Einbrecher | Jahrhundert | ~~Naturschutz~~
schützen | streiken | Sturm | verhaften | Wetterbericht | Zufall

Naturschutz (1): Experten fordern: Die Zahl der Tier- und Pflanzen- _____ (2) darf nicht weiter _____ (3) und überall sollen Wildblumen _____ (4)!
Wie Sie die Natur besser _____ (5) können, erfahren Sie auf Seite 5.

Köln: Polizeibeamten _____ (6) gesuchten _____ (7)

Mann entdeckt durch _____ (8) Goldmünzen aus dem 19. _____ (9)

Ab Montag keine öffentlichen Verkehrsmittel: Bus- und Bahnfahrer _____ (10)

Krankmeldung beim Arbeitgeber: Bis wann soll man _____ (11) geben? Tipps auf Seite 9

_____ (12) für morgen: Warnung vor Gewitter und schwerem _____ (13)

4 Irreale Bedingungen und Konsequenzen in der Vergangenheit KB 5

Was wäre gewesen, wenn Nikos vorher anders gehandelt hätte? Sehen Sie die Bilder an, lesen Sie die Sätze und markieren Sie die Formen von haben / sein und die übrigen Verben.

1 Ich hätte keinen Strafzettel bekommen, wenn ich richtig geparkt hätte.
2 Ich hätte gestern getankt, wenn das Benzin nicht so teuer gewesen wäre.
3 Wenn ich nicht aufgepasst hätte, wäre ein Unfall passiert.
4 Wenn ich rechtzeitig losgefahren wäre, wäre ich nicht zu spät gekommen.

5 *Sein* oder *haben*? Ergänzen Sie in der richtigen Form. KB 5

www.frage-des-tages.net/glück

Wann hattest du das letzte Mal Glück?

Tine Wenn die Kellnerin mich nicht daran erinnert hätte (1), _____ (2) ich heute Vormittag mein Handy im Café vergessen.

Lola Heute hat es auf dem Weg in die Arbeit plötzlich angefangen zu regnen. Wenn ich keinen Schirm dabeigehabt _____ (3), _____ (4) ich total nass geworden, und meine Frisur _____ (5) den ganzen Tag furchtbar ausgesehen.

Lux Ich _____ (6) heute Morgen den Bus verpasst und _____ (7) zu spät zur Arbeit gekommen, wenn der nette Busfahrer gleich losgefahren _____ (8) und nicht kurz gewartet _____ (9).

6 Schreiben Sie die Sätze im Konjunktiv II der Vergangenheit. KB 5

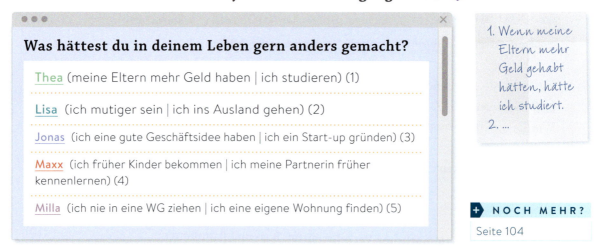

1. Wenn meine Eltern mehr Geld gehabt hätten, hätte ich studiert.
2. …

➕ NOCH MEHR?
Seite 104

7 Was ist das Wichtigste am Urlaub? KB 6

Finden Sie noch sechs passende Wörter und lösen Sie das Rätsel.

besorgen betreten Campingplatz einpacken Fähre Kajak Küste Pension
Speisekarte Übernachtung Verpflegung Wohnung zerstören ~~Zugverbindung~~

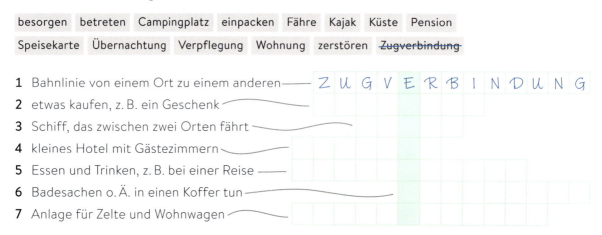

1 Bahnlinie von einem Ort zu einem anderen — Z U G V E R B I N D U N G
2 etwas kaufen, z. B. ein Geschenk
3 Schiff, das zwischen zwei Orten fährt
4 kleines Hotel mit Gästezimmern
5 Essen und Trinken, z. B. bei einer Reise
6 Badesachen o. Ä. in einen Koffer tun
7 Anlage für Zelte und Wohnwagen

8 Umlaute KB 6 AUSSPRACHE

a In welchem der Wörter a und b hören Sie einen Umlaut *ä*, *ö* oder *ü*? Kreuzen Sie an.
Hören Sie dann noch einmal und sprechen Sie nach.

1 Wort a: ○ Wort b: ⊠   4 Wort a: ○ Wort b: ○   7 Wort a: ○ Wort b: ○
2 Wort a: ○ Wort b: ○   5 Wort a: ○ Wort b: ○   8 Wort a: ○ Wort b: ○
3 Wort a: ○ Wort b: ○   6 Wort a: ○ Wort b: ○   9 Wort a: ○ Wort b: ○

b Ergänzen Sie *a*, *ä*, *e*, *o*, *ö*, *i*, *u* oder *ü* und hören Sie. Sprechen Sie dann den Dialog.

○ W__ä__re (1) es nicht sch____n (2), ____fter (3) mal Ausfl____ge (4) in die Nat____r (5) zu untern____hmen (6)?

▫ Nat____rlich (7), das haben wir fr____her (8) gern gemacht! Welchen Vorschl____g (9) h____ttest (10) du?

○ Wir k____nnten (11) an die K____ste (12) f____hren (13), vielleicht an die ____stsee (14).

▫ Das w____re (15) w____rklich (16) s____per (17)! Dabei w____rde (18) ich mich sehr gut erh____len (19).

Übungen

9 Einen Ausflug planen KB 6 — SCHREIBEN

a Was passt? Kreuzen Sie an.

Urlaub in Mecklenburg-Vorpommern

Das nordöstliche Bundesland liegt ☒ an der Küste ○ in der Wüste (1) der Ostsee. Die Landschaft ist sehr ○ abwechslungsreich ○ zahlreich (2). Es gibt ○ dichte ○ tiefe (3) Seen, ○ dichte ○ lange (4) Wälder und ○ tiefe ○ breite (5) Sandstrände. Im Süden von Mecklenburg-Vorpommern liegt der *Müritz-Nationalpark*. Er ist ein Lebensraum für ○ abwechslungsreiche ○ zahlreiche (6) Tier- und Pflanzenarten. Für Aktivurlauber bietet die Umgebung auch viele Möglichkeiten. Sie können z. B. wandern, Radtouren machen, Stand-up-Paddeln ausprobieren oder andere Wassersportarten treiben. Natürlich lohnt es sich auch, die Landeshauptstadt Schwerin und ○ den Ausblick ○ die Gegend (7) rund um Schwerin zu besuchen.

Buchen Sie **hier** Ihre Unterkunft. Sie finden ○ preiswerte ○ wertvolle (8) Pensionen und luxuriöse Hotels. Natürlich können Sie auch im Zelt ○ campen ○ trampen (9). In der Umgebung gibt es sehr schöne Campingplätze.

b Lesen Sie den Chat und ordnen Sie zu.

abgemacht   habe gehört   hältst du davon   klingt auch gut
können wir ja   uns ja einig   wäre es denn   ~~würde am liebsten~~

Mia
Wir sollten unser Wochenende in Mecklenburg-Vorpommern planen. Ich _würde am liebsten_ (1) nach Schwerin fahren und die Stadt besichtigen. Ich _____ (2), dass das Schweriner Schloss besonders schön ist.
Was _____ (3)?

Can
Keine schlechte Idee, aber wie _____ (4), wenn wir auch eine Radtour oder eine Bootstour auf einem der vielen Seen machen würden?

Mia
Radfahren _____ (5).
Aber eine Bootstour? Ich weiß nicht … Aber meinetwegen _____ (6) ein bisschen mit einem Boot oder einem SUP auf dem Schweriner See fahren, wenn du das unbedingt machen möchtest. Doch das Schloss will ich danach auf jeden Fall noch besichtigen!

Can
Gut, dann sind wir _____ (7).
Wir fahren also nach Schwerin und mieten dort Kanus oder SUPs und besichtigen danach das Schloss. 👋

Mia
_____ (8)! Dann erkundige ich mich mal, wo es SUPs gibt. 😊

c Partneraufgabe: Überlegen Sie sich ein Reise- oder Ausflugsziel in der Umgebung von Ihrem Kursort. Schreiben Sie abwechselnd Textnachrichten wie in b. Machen Sie Vorschläge, Ihre Partnerin / Ihr Partner reagiert. Einigen Sie sich am Ende.

24 Wahnsinn, wie die Zeit vergeht!

1 Unterhaltung mit einem Chatbot. Lesen Sie und ordnen Sie zu. KB 3

ab morgen   dazu gibt   du jemals   halte ich   ~~schätze, dass~~   Zukunft   verspreche   vornehmen

---
www.chat-mit-botty.de

Gast: Hallo Botty! Mir ist so langweilig. Stell mir eine Frage!

Botty: Sehr gern! Warst du schon mal in Australien? Ich _schätze, dass_ (1) du nächstes Jahr hinfliegst!

Gast: Danke, Botty! Das wäre so toll! Kommst du mit?

Botty: Nein, ich bin ein KI-Chatbot. Ich reise nicht.

Gast: Schade. In _____ (2) solltest du das ändern! Stell mir noch eine Frage.

Botty: Hast _____ (3) meditiert? Das solltest du dir fest _____ (4). Das ist gut für Körper und Seele. _____ (5) solltest du täglich mindestens 12 Minuten meditieren.

Gast: Jeden Tag? Das geht nicht …

Botty: _____ (6) es keine Alternative! Meditation hat 936 positive Effekte auf die Gesundheit! Dass sie auch dir gut tut, _____ (7) für sehr wahrscheinlich. Ich _____ (8) dir, dass das auch bei dir klappt! Machst du eigentlich regelmäßig Yoga?

Gast: Botty! Frag mich bitte etwas anderes!

---

2 Liveticker aus dem Rathaus KB 3

a Welche Wörter weisen auf die Zukunft hin? Unterstreichen Sie sie zusammen mit den Verben.

---
www.alldorf-aktuell.de

8:57 Wir berichten heute live von der Sitzung im Rathaus. Die Sitzung <u>beginnt in wenigen Minuten</u>.

9:18 Es geht um den neuen Spielplatz. Alle diskutieren. Wir hoffen, dass sie sich <u>bald einigen werden</u>.

9:31 Der Bürgermeister verspricht: Nächstes Jahr wird Alldorf einen neuen Spielplatz bekommen!

9:35 Die Versammlung diskutiert gleich den neuen Sparplan. Das wird bestimmt lange dauern …

9:48 Alle streiten … Wird es heute wirklich noch eine Einigung geben?

10:11 Alle streiten immer noch. Wir vermuten, dass es heute keine Entscheidung mehr geben wird.

---

b Lesen Sie die Sätze in **a** noch einmal und kreuzen Sie an.

Für Ereignisse in der **Zukunft** verwendet man
○ nur *Präsens* + Zeitangabe .
○ nur *Futur I* (werden + Infinitiv) .
○ *Präsens* oder *Futur I* + Zeitangabe.

In **Sätzen** mit *Futur I* steht *werden* im …
– Hauptsatz ○ auf Position 2 ○ am Ende .
– *dass*-Satz ○ am Anfang ○ am Ende .
⚠ Bei Adverb / Zeitangabe am Satzanfang steht das Subjekt (die Person / Sache)
○ nach ○ vor *werden*.

In **Ja/Nein-Fragen** steht *werden* auf
○ Position 1 ○ Position 2 , in **W-Fragen** auf Position 2.

Übungen 24

3 Fridolin und Fridoline planen eine Abenteuer-Reise KB 3

Was antwortet Fridolin? Lesen Sie und schreiben Sie seine Antworten mit *werden* neu.

- ○ Schau mal, Fridolin! Unsere Reise! Am ersten Tag machen wir gleich eine 15-km-Wanderung!
- □ **Vermutlich streike ich nach einem Kilometer. (1)**
- ○ Und am zweiten Tag gibt es einen Kletterkurs.
- □ **Oje! Das lerne ich bestimmt nie! (2)**
- ○ Wow, tags darauf tauchen wir mit Haien!
- □ **Ich fürchte, dass die Haie mich fressen. (3)**
- ○ Boah, danach fahren wir mit dem Mountainbike auf den Dreiberg!
- □ **Am Abend spüre ich bestimmt jeden Muskel! (4)**
- ○ Am letzten Tag wandern wir nach Sonnenfeld. Dann genießen wir einen Wellness-Nachmittag!
- □ **Ich bin sicher, dass ich dafür dann zu müde bin. (5)**
- ○ Ich verspreche dir, dass wir uns erholen werden!

1. Vermutlich werde ich nach einem Kilometer streiken.

4 Pläne für den Sommer KB 3

a Lesen Sie und ergänzen Sie im *Futur I*.

1. heiraten
2. am Meer zelten
3. meine Wohnung renovieren
4. Mountainbike fahren
5. einen SUP-Kurs machen

Jon Danke für den schönen Kurs mit euch! Was werdet ihr denn in den Sommerferien machen?

Maria Ich habe tolle Pläne: Am 8.8. _werde ich heiraten_ (1)!

Tom Mein Bruder und ich _____ (2)! Ich freue mich schon! 😎

Louis Du weißt doch, dass ich _____ (3). 🤸

Inaya Und du, Jon? _____ (4) – wie schon letztes Jahr?

Jon Nein, diesmal _____ (5)! 🙂

b Partneraufgabe: Fragen Sie Ihre Partnerin / Ihren Partner nach Plänen für den Sommer oder den Nachmittag. Schicken Sie eine Textnachricht. Ihre Partnerin / Ihr Partner antwortet und stellt eine Frage.

> Wirst du heute Nachmittag ein Eis essen?

> Nein, das werde ich nicht machen. Ich werde wahrscheinlich arbeiten. Und du? Wirst du …?

5 Der ganz normale Alltags-Stress KB 4

a Was passt zusammen? Verbinden Sie.

1 sich ereignen — a Spaß haben   4 sich erholen   d Langeweile haben
2 sich amüsieren   b zu spät kommen 5 sich hetzen   e sich ausruhen
3 sich verspäten   c passieren   6 sich langweilen f sich beeilen

b Partneraufgabe: Wählen Sie drei Verben aus **a**. Schicken Sie einen Satz mit einer Lücke an Ihre Partnerin / Ihren Partner. Sie / Er löst die Aufgabe und schickt eine neue Aufgabe.

> Es ist spät! Ich muss mich …, um pünktlich in der Arbeit zu sein.

> … hetzen …

> Richtig!

6 Eigenschaften beschreiben KB 4

a Finden Sie noch elf Adjektive.

professionell|eiligrealistischgeduldigbefriedigendnervöseinzeln
vergnügtegoistischtraurigschlauerschöpft

b Welche Adjektive aus **a** passen? Hören Sie die Personen und lösen Sie das Rätsel.

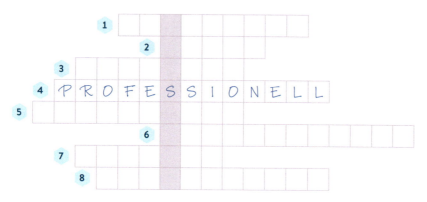

Lösung: Ein anderes Wort für *empfindlich* ist _____ s _____ .

7 Termine und Zeitdruck KB 7 SPRECHEN

a Lesen Sie die Texte und ergänzen Sie in der richtigen Form.

ab|lenken   an|zünden   davon|laufen   stehen bleiben   stehlen
überprüfen   vergehen   ~~verursachen~~   verzichten   voraus|sagen

www.lea-roth.de/zeitmanagement

Immer schneller, besser, mehr – das funktioniert einfach nicht. Das Leben ist kein Wettbewerb und starker Zeitdruck kann gesundheitliche Probleme wie Kopfschmerzen und Schlaflosigkeit *verursachen* (1). Mein Tipp deshalb: Auch an Werktagen regelmäßig eine Viertelstunde Pause machen, selbst wenn Sie das Gefühl haben, dass Ihnen so die Zeit _____ (2). Sie müssen aber nicht jede Sekunde des Tages produktiv sein! Eine Kerze _____ (3), ein gutes Buch lesen … oder sich einfach hinlegen und entspannen. So darf die Zeit _____ (4) und man kommt endlich zur Ruhe. Aber ich _____ (5): In Zukunft wird die künstliche Intelligenz uns dabei helfen, eine gute Work-Life-Balance zu finden.

Übungen 24

> www.pc-welten.net/apps/carpe
>
> **PC WELTEN** NEWS TEST & KAUFBERATUNG SPECIALS **APPS**
>
> Haben auch Sie das Gefühl, dass die Tage zu schnell _____ (6) und Ihnen unwichtige Tätigkeiten im Berufsalltag die Zeit _____ (7)? Werden Sie durch Anrufe und E-Mails von Ihren Projekten _____ (8)? Dann ist vielleicht eine Zeitmanagement-App das Richtige für Sie. Wir haben die neuesten Apps für Sie getestet. Testsieger ist *Carpe*. Die App managt Ihre täglichen Projekte und Aufgaben, außerdem organisiert sie sowohl Ihre beruflichen als auch Ihre privaten Termine. Sie können auf andere Kalender also völlig _____ (9). Die App _____ (10) auch, ob Sie genug trinken, essen und schlafen.
>
> >> Die Testversion für sieben Tage können Sie kostenlos herunterladen.

b Lesen Sie Tinkas Nachricht und fassen Sie dann die wichtigsten Informationen aus den Texten in **a** in einer Sprachnachricht für sie zusammen.

> Der Tag hat nicht genug Stunden. Ich schaffe es einfach nicht, meine Aufgaben zu erledigen, und bin die ganze Zeit nur gestresst und frustriert. Was soll ich tun? Kannst du mir helfen? Danke! Tinka

8 Lautverbindungen mit [k]   KB 7   AUSSPRACHE

a Hören Sie und sprechen Sie nach. Ergänzen Sie dann die Regel.

verwe**chs**eln – **Qu**alifikation – Allta**gs**probleme – Erwa**chs**ene – Glü**cks**gefühl – Konse**qu**enz – e**x**trem – lin**ks** – unterwe**gs** – be**qu**em – fle**x**ibel

– _chs_ , _____ , _____ , _____ spricht man „ks"
– _____ spricht man „kw"
⚠ bei französischen Wörtern spricht man nur „k", z. B. *Quiche*

b Lesen Sie die Sätze laut und nehmen Sie sich auf. Hören Sie dann und vergleichen Sie.

1 Da ich nur halbta**gs** in der Arztpra**x**is arbeite, bin ich monta**gs** fle**x**ibel.
2 Für mich ist es ein Glü**cks**gefühl, auch mal ohne Konse**qu**enzen **Qu**atsch zu machen.
3 Meine Katze Ma**x**i findet es e**x**trem be**qu**em, wenn sie **qu**er auf dem Frühstü**cks**tisch liegt.
4 In dem Te**x**t geht es um ein E**x**periment mit Erwa**chs**enen zum Thema Lebens**qu**alität.

+ NOCH MEHR? Seite 105

9 Zum Geburtstag viel Glück! KB 7   SCHREIBEN

a Sehen Sie die Geburtstagskarte an und ordnen Sie zu.

Aprikose ⬡   Bonbon ⬡   Unterschrift ⬡   Wunderkerze ⬡

Geburtstag
Viele Geschenke
wünsche ich dir!
Endlich bist du achtzehn!
Party
Pavel

Wort
Wort Wort
Wort Wort Wort
Wort Wort Wort Wort
Wort

b Schreiben Sie ein Gedicht wie in **a**. Beachten Sie die Zahl der Wörter pro Zeile.

WIEDERHOLUNG

1 Was passt? Finden Sie noch fünf Nomen und ergänzen Sie mit Artikel.

richter|aprikosepensionsturmbonbonfähre

a Beruf: _der Richter_
b Süßigkeit: _____
c Wetter: _____
d Schiff: _____
e Frucht: _____
f Unterkunft: _____

2 Was passt nicht? Streichen Sie durch.

a voraussagen: die Zukunft | ~~einen Zufall~~ | ein Ereignis | einen Sturm
b besorgen: Geld | Fahrkarten | Naturschutz | Geschenke
c vertreten: Interessen | eine Hoffnung | ein Argument | eine Überzeugung
d betreten: eine Kirche | ein Gebäude | ein Restaurant | eine Zugverbindung
e wachhalten: das Interesse | die Erinnerung | eine Ablenkung | eine Tradition
f zerstören: einen Quatsch | eine Brücke | eine Familie | das Vertrauen
g verschwenden: Energie | Geld | Langeweile | Zeit
h bekannt geben: eine Neuigkeit | einen Einbrecher | ein Ergebnis | einen Wettbewerb

3 Gegenteile (↔) und Synonyme (=)

Welche weiteren neun Adjektive passen? Suchen Sie und ordnen Sie zu.

vergnügt, abwechslungsreich, gerecht, egoistisch, ~~arm~~, traumhaft, breit, tief, zahlreich, preiswert, erschöpft, dicht, sensibel

a reich ↔ _arm_
b hoch ↔ _____
c eng ↔ _____
d teuer ↔ _____
e schrecklich ↔ _____
f müde = _____
g fair = _____
h fröhlich = _____
i empfindlich = _____
j vielfältig = _____

4 Woran denkt Fatime? Hören Sie und lösen Sie das Rätsel.

2: PROTEST

Wer arbeitet im Deutschen Bundestag? _ O _ _ _ _ _ _ _ _
  1 2 3 4 5 6 7 8 9

5 Audiotraining: *Der Bürgermeister sagt immer, dass ...*

Hören Sie und antworten Sie mit *Stimmt ...* und *als ob*.

WIEDERHOLUNG

6 Lesen Sie und ordnen Sie zu.

1 das Besondere daran ist,   2 für mich bedeutet das, dass   3 hatte mit Sicherheit eine Wirkung auf
4 ich denke dabei vor allem an   5 ich verstehe das so   6 mich beeindruckt, dass
7 mich erinnert das stark an den   8 wahrscheinlich einen großen Einfluss auf

---

www.kultur-forum.net/verwandlung

BuchNarr Ich habe gerade das Hörbuch „Die Verwandlung" von Franz Kafka fertig gehört. Es geht um einen Mann, der eines Morgens als Insekt aufwacht und dann bis zu seinem Tod einsam in einem Zimmer leben muss. (7) Horror-Filmklassiker „Die Fliege" mit Jeff Goldblum aus dem Jahr 1986, wo sich ein Wissenschaftler nach einem missglückten Selbstversuch immer mehr in eine riesige, hässliche Fliege verwandelt. Sind diese Ähnlichkeiten wirklich nur Zufall? Was glaubt ihr?

Lale45 Du hast recht: Es gibt wirklich große Ähnlichkeiten. ◯ Kafkas Werk ◯ das Drehbuch von „Die Fliege" hatte.

Film_Junkie ◯: Regisseur David Cronenberg kannte Kafkas Geschichte und der Film sollte mit Absicht daran erinnern. ◯ eine Stelle im Film, wo direkt von der „Verwandlung" gesprochen wird.

Pfiffi Genau: Kafkas Werk ◯ den Film! Doch der Film hat viel mehr zu bieten. ◯ dass er unterschiedliche Genres (Science Fiction, Komödie, Drama) miteinander verbindet und tolle Spezialeffekte bietet, für die er sogar den wichtigsten Filmpreis gewann: den Oscar!

Fozzil Ja, ◯ die Schauspieler so viele Emotionen so fantastisch spielen! Ein toller Film!

---

7 Audiotraining: *Wenn ich Schriftsteller wäre, würde ich …*

Hören Sie und sagen Sie Sätze mit *Wenn ich … wäre, würde ich …*

8 Kroatien: Urlaub für wenig Geld? — SCHREIBEN

Ihre Eltern überlegen, im Sommer nach Kroatien zu fahren, da sie für wenig Geld einen schönen Urlaub am Meer genießen wollen. Lesen Sie den Text und fassen Sie die wichtigsten Informationen in einer Textnachricht in der Sprache Ihrer Eltern zusammen. Schreiben Sie zum Schluss, ob Sie Ihren Eltern eine Reise nach Kroatien empfehlen würden.

Steigende Preise in Kroatien

Mit seinen traumhaft schönen Stränden, seinem türkisblauen Wasser und vor allem den günstigen Preisen zählte Kroatien lange Zeit zu den Top 10 der beliebtesten Urlaubsländer Europas. Doch die Situation ändert sich: Das Land entwickelt sich immer mehr zu einem Urlaubsland, das sich nicht mehr alle Menschen leisten können. Ferienwohnungen und Campingplätze sind in letzter Zeit deutlich teurer geworden. Auch die Preise in Supermärkten, Eisdielen und Restaurants sind stark angestiegen. Selbst Grundnahrungsmittel wie Milch, Gemüse oder Obst sind unbezahlbar geworden! Schuld daran sind die Inflation, die Corona-Pandemie, die Energiekrise und die Einführung des Euro im Januar 2023, die zusammen zu einer schnellen Preisentwicklung nach oben beigetragen haben. Die gestiegenen Preise belasten nicht nur die einheimische Bevölkerung finanziell, sondern auch mögliche Urlauber, die zusätzlich für die gestiegenen Betriebskosten der Besitzer von Ferienwohnungen und Campingplätzen und die höheren Mindestlöhne der Angestellten bezahlen sollen. Als Folge verzichten viele Menschen auf einen Urlaub an der Adriaküste.

TEST – LESEN, SCHREIBEN

1 Helenas Blog — LESEN

Lesen Sie den Text und die Aufgaben a – g. Kreuzen Sie an: *richtig* oder *falsch*?

helena-fuer-die-umwelt.de — Samstag, 28. September

Seit 9 Uhr bin ich hier am Dorfwäldchen in Blaustein, wo nächstes Jahr ein riesiges neues Einkaufszentrum entstehen soll. Das würde den Tod von fast 50 alten Bäumen bedeuten – und natürlich nicht nur das: Kleintiere, Vögel, Insekten … alle würden ihren Lebensraum verlieren! Deshalb haben wir dieses Wochenende eine große Protestaktion organisiert – friedlich natürlich. Es gibt ein Fest auf der Wiese am Wald, ein kleines Konzert und Diskussionen zum Thema Naturschutz. Und wir sammeln Unterschriften gegen die Zerstörung des kleinen Paradieses. Über 300 Menschen haben sich hier schon versammelt, auch einige Politiker aus verschiedenen Parteien und viele Journalisten! Um 11 war ich schon bei der Diskussionsrunde „Wald oder Shopping – Konsequenzen für die Umwelt" dabei, an der auch Hugo Lichter von der *Planungsgruppe Einkaufszentrum* teilgenommen hat. Sehr spannend – aber ich war auch total nervös. Ich hatte nämlich meine Notizen zu Hause vergessen … Ich schätze, in den letzten Tagen hatte ich einfach zu viel Stress. Deshalb hatte ich Angst, wichtige Argumente und Fakten zu vergessen, aber zum Glück ging alles gut. Ich habe von der Studie berichtet, in der wir die seltenen Tier- und Pflanzenarten im Wäldchen gezählt haben. Herr Lichter tut so, als ob es keinen Klimawandel und kein Artensterben gäbe … Aber jetzt ist die *Planungsgruppe* unter Druck, hoffe ich. Übrigens ist sogar der lokale Fernsehsender da, um über die Aktion zu berichten, cool! Es ist so wichtig, dass die breite Öffentlichkeit von der Umweltzerstörung erfährt …

		richtig	falsch
a	In Blaustein wird bald ein großes Einkaufszentrum gebaut.	☒	○
b	Helena nimmt an einer Konferenz zum Thema Naturschutz teil.	○	○
c	Helena hat bei der Organisation der Veranstaltung geholfen.	○	○
d	Bei der Veranstaltung gibt es auch viele Aktivitäten für Kinder.	○	○
e	Helena hat selbst an der Diskussionsrunde teilgenommen.	○	○
f	Herr Lichter möchte sich für das Dorfwäldchen einsetzen.	○	○
g	Helena will, dass viele Menschen von den Ereignissen erfahren.	○	○

___ / 6 Punkte

2 Wettbewerb: Ihr schönster Ort — SCHREIBEN

Lesen Sie und beantworten Sie die sechs Fragen in einem Beitrag wie von *Luisa_sonnenschein*.

www.mühlingen-aktuell.de/sommerwettbewerb

Bald beginnen die Sommerferien und wie jedes Jahr möchten wir Ihr schönstes Ausflugsziel kennenlernen! Schreiben Sie uns: **1.** Was ist Ihr schönster Ort in der Umgebung? **2.** Was gibt es dort? **3.** Was kann man dort unternehmen? **4.** Wann ist es dort am schönsten? **5.** Wie wirkt der Ort? **6.** Warum ist er so besonders für Sie?

> **Luisa_sonnenschein** Also, mein schönster Ort ist das Grünberger Tal in der Nähe von Mühlingen. Die Landschaft ist total abwechslungsreich: Es gibt einen kleinen Fluss und dichte Wälder, aber auch schöne Blumenwiesen, wo man super picknicken kann. Man kann Vögel beobachten, und wenn es heiß ist, kann man im Fluss schwimmen. Am schönsten ist es am frühen Abend, wenn es ganz friedlich und still ist. Der Ort wirkt dann so, als ob man in einem Märchenwald wäre. Für mich ist das Grünberger Tal etwas ganz Besonderes, weil ich die Natur liebe – und weil ich dort so gut mit meinem Hund spazieren gehen kann.

___ / 6 Punkte

TEST – HÖREN, SPRECHEN

3 Hören Sie und kreuzen Sie an. — HÖREN

1 Der Bundestag ...
   a ○ wählt den Bundespräsidenten.
   b ⊠ ist das deutsche Parlament.
   c ○ besteht aus Anwälten und Richtern.

2 ... Menschen besichtigen das Reichstagsgebäude jedes Jahr.
   a ○ Über zwei Millionen ...
   b ○ Eineinhalb Millionen ...
   c ○ Mehr als vier Millionen ...

3 Das Gebäude entstand im Jahr ...
   a ○ 1849.
   b ○ 1894.
   c ○ 1918.

4 Nach dem Krieg befand sich das Reichstagsgebäude in ...
   a ○ West-Berlin.
   b ○ Ost-Berlin.
   c ○ einer neutralen Zone.

5 Anfang der 1990er-Jahre wurde das Gebäude international bekannt durch ...
   a ○ einen Unfall.
   b ○ ein Kunstprojekt.
   c ○ einen Kinofilm.

6 Das Dach ...
   a ○ wurde von einem deutschen Architekten entworfen.
   b ○ musste in den 1980er-Jahren renoviert werden.
   c ○ besteht aus Glas und symbolisiert die Demokratie.

7 Die Abgeordneten ...
   a ○ müssen sich zu den Sitzungen schriftlich anmelden.
   b ○ versammeln sich im Sommer auf der Dachterrasse.
   c ○ sitzen auf blauen Stühlen.

_____ / 6 Punkte

4 Vorsätze fürs neue Jahr — SPRECHEN

a Was ist Ihnen lieber? Lesen Sie und kreuzen Sie an.

WELCHE PLÄNE HABEN SIE FÜR NÄCHSTES JAHR?

1	Arbeit	○ eine Fortbildung machen	○ mehr Freizeit haben
2	Freizeit	○ Neues ausprobieren	○ Zeit mit der Familie verbringen
3	Reisen	○ eine Fernreise machen	○ die nähere Umgebung entdecken
4	Freunde	○ neue Kontakte knüpfen	○ alte Freundschaften pflegen
5	Essen	○ eine Diät machen	○ neue Restaurants testen
6	Sport	○ jeden Tag joggen gehen	○ einen Fitnesskurs buchen

b Notieren Sie Ideen für Ihre Pläne in a. Hören Sie dann und antworten Sie mit den Satzanfängen 1–6.

1 Ich schätze, dass ...
2 Ich nehme mir fest vor, ...
3 Ich würde am liebsten ...
4 Es wäre schön, wenn ...
5 Dass ... halte ich für sehr wahrscheinlich / eher unwahrscheinlich, aber ...
6 Ja, ab morgen / nächster Woche ...

1. Fortbildung zum Gesundheits-Coach machen

Ich schätze, dass ich meine Fortbildung zum Gesundheits-Coach im Februar machen werde.

_____ / 6 Punkte

☺ 20 – 24 Punkte
😐 13 – 19 Punkte
☹ 0 – 12 Punkte

FOKUS BERUF – AUF ZU-/ABSAGEN REAGIEREN

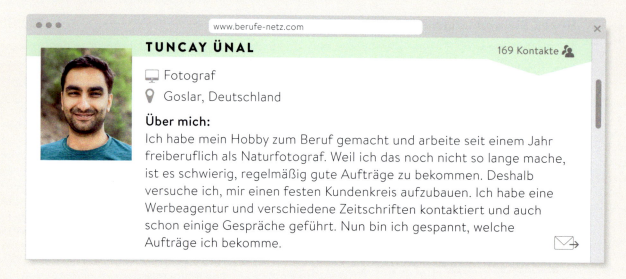

TUNCAY ÜNAL

169 Kontakte

Fotograf
Goslar, Deutschland

Über mich:
Ich habe mein Hobby zum Beruf gemacht und arbeite seit einem Jahr freiberuflich als Naturfotograf. Weil ich das noch nicht so lange mache, ist es schwierig, regelmäßig gute Aufträge zu bekommen. Deshalb versuche ich, mir einen festen Kundenkreis aufzubauen. Ich habe eine Werbeagentur und verschiedene Zeitschriften kontaktiert und auch schon einige Gespräche geführt. Nun bin ich gespannt, welche Aufträge ich bekomme.

1 Lesen Sie Tuncays Profil und kreuzen Sie an. Vergleichen Sie dann.

a Tuncay ○ ist fest angestellt ○ arbeitet freiberuflich .
b Momentan ○ kann er keine neuen Aufträge annehmen ○ sucht er neue Aufträge .
c Er hat sich bei ○ einem Auftraggeber ○ mehreren Auftraggebern beworben.

2 Zu- und Absagen

a Lesen Sie die E-Mails und notieren Sie: *Z* (= Zusage) oder *A* (= Absage).

1

Sehr geehrter Herr Ünal,

nochmals vielen Dank für das angenehme Gespräch letzten Freitag. Wir würden uns freuen, Sie als freien Mitarbeiter in unserem Team zu begrüßen, und würden gern weitere Details mit Ihnen besprechen. Hätten Sie am 14. März um 10:30 Uhr Zeit für ein Treffen?

Mit freundlichen Grüßen
Sandra Kleinert
Waschbär – Magazin für Natur- und Tierfotografie

2

Sehr geehrter Herr Ünal,

herzlichen Dank für Ihre Bewerbung und Ihr Interesse an unserer Agentur. Obwohl Ihre Fotos uns sehr beeindruckt haben, müssen wir Ihnen leider mitteilen, dass wir Ihnen zurzeit keine Zusammenarbeit anbieten können.

Mit den besten Wünschen für Sie und Ihre berufliche Zukunft
Niklas Hansen
Werbeagentur Sander & Partner

3

Sehr geehrter Herr Ünal,

vielen Dank für Ihr Interesse an einer Mitarbeit beim Projekt „Traumlandschaften". Leider haben wir uns diesmal für einen anderen Bewerber entschieden. Wir können uns aber sehr gut vorstellen, bei anderen Projekten mit Ihnen zusammenzuarbeiten. Dürfen wir Ihre Daten speichern und uns wieder bei Ihnen melden?

Mit freundlichen Grüßen
Alessia Fabri
Natur & Landschaft – Zeitschrift für Fotokunst

4

Lieber Herr Ünal,

danke, dass Sie sich letzten Dienstag Zeit für ein ausführliches Gespräch genommen haben. Ihre Fotos und Ideen haben uns überzeugt und wir würden im Projekt „Kleine Tiere ganz groß" gern mit Ihnen zusammenarbeiten. Wenn Sie einverstanden sind, melden wir uns in den nächsten Tagen mit näheren Informationen.

Herzliche Grüße
Philip Heyer
Wald und Wiese – Zeitschrift für Naturfotografie

FOKUS BERUF – AUF ZU-/ABSAGEN REAGIEREN

b Lesen Sie Tuncays Antworten. Wem aus **a** schreibt er? Ergänzen Sie die Anrede.

Sehr geehrte Frau Fabri,   Sehr geehrte Frau Kleinert,

Sehr geehrter Herr Hansen,   Sehr geehrter Herr Heyer,

A

ich bedanke mich recht herzlich für Ihre Nachricht. Es ist zwar schade, dass es diesmal mit der Zusammenarbeit nicht klappt, ich bleibe aber gern mit Ihnen in Kontakt und freue mich, wenn ich Sie in Zukunft bei einem anderen Projekt unterstützen kann. Ich hoffe, dass wir bald wieder voneinander hören.
Mit freundlichen Grüßen
Tuncay Ünal

B

es freut mich sehr, dass Ihnen meine Bilder und Vorschläge gefallen. Mein Interesse an einer Zusammenarbeit ist immer noch groß, ich möchte Sie aber um einige Tage Bedenkzeit bitten. Da ich inzwischen ein anderes Angebot angenommen habe, muss ich zuerst prüfen, ob ich beide Projekte zeitlich koordinieren kann.
Mit freundlichen Grüßen
Tuncay Ünal

C

das sind aber gute Neuigkeiten! Vielen Dank für Ihr Angebot, das ich gern annehme. Ich freue mich schon auf unser Treffen. Der Termin passt bei mir perfekt!
Mit freundlichen Grüßen
Tuncay Ünal

D

herzlichen Dank für Ihre E-Mail. Natürlich bedauere ich Ihre Entscheidung und wäre dankbar, wenn Sie mir kurz die Gründe für Ihre Absage erläutern könnten, damit ich diese in meinen zukünftigen Bewerbungen berücksichtigen kann.
Mit freundlichen Grüßen
Tuncay Ünal

c Wie können Sie das sagen? Lesen Sie die E-Mails in **b** noch einmal und unterstreichen Sie in unterschiedlichen Farben. Erstellen Sie dann gemeinsam eine Liste mit passenden Ausdrücken.

1 sich für eine Antwort bedanken
2 sagen, dass Sie noch etwas Zeit brauchen
3 um eine Erklärung für eine Absage bitten
4 ein Angebot akzeptieren
5 sagen, dass Sie enttäuscht sind
6 sagen, dass Sie in Kontakt bleiben wollen

3 Auf Zu- und Absagen antworten

Arbeiten Sie zu viert. Lesen Sie die E-Mails. Zwei von Ihnen beantworten die erste E-Mail, zwei andere die zweite. Tauschen Sie dann die Texte und vergleichen Sie.

A

Sehr geehrte/r …,
vielen Dank für das angenehme Gespräch am letzten Montag. Wir würden uns freuen, Sie bald in unserem Team zu haben.
Mit freundlichen Grüßen
Antonio Delgado

B

Sehr geehrte/r …,
vielen Dank für Ihre Bewerbung. Leider müssen wir Ihnen mitteilen, dass wir Ihnen zurzeit keine Stelle in unserem Unternehmen anbieten können.
Mit freundlichen Grüßen
Katharina Scheer

PRÜFUNGSTRAINING DTZ

1 Vorbereitung

HÖREN 4

a Ist die Person dafür (+) oder dagegen (-)? Welche Wörter geben Hinweise?
Markieren Sie. Notieren Sie dann: + oder -.

1. Das ist doch okay. (+)
2. Ich bezweifle, dass das klappt. ( )
3. Für mich wäre das nichts. ( )
4. Das wäre genau das Richtige für mich. ( )
5. Das geht gar nicht! ( )
6. Das kann ich mir gut vorstellen. ( )
7. Das kommt mir komisch vor. ( )
8. Meiner Ansicht nach ist das nicht sinnvoll. ( )
9. Auf jeden Fall! ( )
10. Ich bin der Überzeugung, dass das der falsche Weg ist. ( )

b Lesen Sie die Aussagen. Wer findet Camping eher gut (+), wer eher schlecht (-)? Notieren Sie.

a Auf dem Campingplatz lernt man schnell Leute kennen. (+)
b Bei schlechtem Wetter macht Camping wenig Spaß. ( )
c Camping ist eine günstige Möglichkeit,
   Urlaub in der Natur zu machen. ( )
d Im Zelt fühle ich mich besonders frei. ( )
e Urlaub ohne eigenes Bad kann ich mir nicht vorstellen. ( )

> ! Lesen Sie vor dem Hören immer die Aussagen.

c (4 ◁) 41) Wer sagt was? Hören Sie die Personen 1–3 und ordnen Sie die Sätze a–e aus **b** zu.
Zwei Sätze passen nicht. Ergänzen Sie dann: Wer ist für (+), wer gegen (-) Camping?

Person 1: ____ ( )   Person 2: ____ ( )   Person 3: ____ ( )

2 In der Prüfung

HÖREN 4

(4 ◁) 42) Sie hören Aussagen zu einem Thema. Welcher der Sätze a–f passt zu den Aussagen 1–3?
Markieren Sie Ihre Lösungen für die Aufgaben 1–3 auf dem Antwortbogen. Lesen Sie jetzt
die Sätze a–f. Dazu haben Sie eine Minute Zeit. Danach hören Sie die Aussagen.

Beispiel
☐ ☐ ☐ ☒ ☐ ☐
a b c d e f

1 ☐☐☐☐☐☐ 1
  a b c d e f
2 ☐☐☐☐☐☐ 2
  a b c d e f
3 ☐☐☐☐☐☐ 3
  a b c d e f

1 …
2 …
3 …

a Eltern können für ihre Kinder wählen.
b Es wäre gerecht, wenn Kinder selbst über ihre Zukunft
   entscheiden können.
c Nicht alle Erwachsene haben Ahnung von Politik.
d Kinder haben zu wenig Erfahrung.
e Kinder wissen nicht, welche Konsequenzen eine Wahl hat.
f Wer kein Interesse an Politik hat, muss nicht wählen.

> ! Zu jeder Person gibt es genau eine richtige Aussage. Zwei Aussagen passen nicht. Die Aussage, die schon angekreuzt ist, müssen Sie nicht lesen.

PRÜFUNGSTRAINING DTZ

1 Häufige Fragen zum Deutsch-Test für Zuwanderer (*DTZ*)

a Lesen Sie die Fragen. Welche Antworten passen? Ordnen Sie zu.

FAQs zum Deutsch-Test für Zuwanderer (DTZ)		
Was muss ich zur Prüfung mitbringen?	∨	⬡
Was ist in der Prüfung nicht erlaubt?	∨	⬡
Was mache ich in der Prüfung zuerst?	∨	⬡
Gibt es Pausen in der schriftlichen Prüfung?	∨	⬡
Was bedeuten die Stopp-Hinweise im Aufgabenheft?	∨	⬡
Wohin schreibe ich den Brief / die E-Mail im Prüfungsteil Schreiben?	∨	⬡

1 Auf den Antwortbögen stehen Ihre Daten. Das sind Name, Vorname, Geburtsdatum, Ort und Prüfungsdatum. Prüfen Sie zuerst, ob diese Informationen richtig sind. Diese Daten stehen später so auf dem Zertifikat, das Sie bekommen, wenn Sie die Prüfung bestanden haben. Wenn alles korrekt ist, unterschreiben Sie mit Datum auf der ersten Seite der Antwortbögen.

2 In der schriftlichen Prüfung gibt es drei Teile. Am Ende jedes Prüfungsteils befindet sich im Aufgabenheft ein Stopp-Hinweis. Sie dürfen erst auf der nächsten Seite weiterlesen, wenn die Prüferin / der Prüfer es sagt. Warum ist das so? Sie haben für jeden Prüfungsteil eine bestimmte Zeit zur Verfügung. Den Teil *Hören* müssen Sie in 25 Minuten erledigen. Für den Teil *Lesen* haben Sie 45 Minuten, fürs *Schreiben* 30 Minuten Zeit. Wenn Sie mit einem Teil früher fertig sind, dürfen Sie die Zeit nicht für einen anderen Prüfungsteil nutzen. Sie müssen warten.

> Nicht umblättern! Warten Sie auf das Zeichen der Prüferin oder des Prüfers! **STOP**

3 Die schriftliche Prüfung dauert insgesamt 100 Minuten und es gibt keine Pause. Sie dürfen den Prüfungsraum in der Regel nicht verlassen. Wenn es nicht anders geht, dürfen Sie den Raum nur einzeln verlassen. Beachten Sie: Die Zeit läuft weiter. Auch wenn Sie schon fertig sind: Sie müssen bis zum Ende der schriftlichen Prüfung auf Ihrem Platz bleiben.

4 Sie bekommen für die Schreibaufgabe ein Blatt Papier. Auf diesem Blatt können Sie auf der Vorder- und auf der Rückseite schreiben.

5 In der Prüfung brauchen Sie einen Ausweis (zum Beispiel Ihren Pass). Bringen Sie einen oder zwei schwarze oder blaue Kugelschreiber mit. Es ist außerdem erlaubt, ein Getränk mit in den Prüfungsraum zu nehmen. Die Prüfungsunterlagen bekommen Sie von der Prüferin / vom Prüfer.

6 Sie dürfen in der Prüfung keine Hilfsmittel wie zum Beispiel Wörterbücher oder das Kursbuch benutzen. Auch Handys und andere elektronische Geräte sind im Prüfungsraum verboten. Es ist in der schriftlichen Prüfung nicht erlaubt, mit den anderen Teilnehmerinnen und Teilnehmern zu reden.

b Lesen Sie die Aufgaben und danach noch einmal die Fragen und Antworten in **a**.
Was ist richtig? Kreuzen Sie [a], [b] oder [c] an.

1 Sie unterschreiben auf dem Antwortbogen, wenn
- [a] alle Angaben zu Ihrer Person richtig sind.
- [b] Sie das Zertifikat bekommen möchten.
- [c] Sie mit der Prüfung fertig sind.

2 Wenn Sie früher fertig sind,
- [a] können Sie mit anderen sprechen.
- [b] müssen Sie auf Ihrem Stuhl warten.
- [c] dürfen Sie den Prüfungsraum allein verlassen.

3 Sie brauchen
- [a] Ihr Handy.
- [b] Ihr Kursbuch.
- [c] Ihren Ausweis.

4 Es ist erlaubt,
- [a] einen Bleistift zu benutzen.
- [b] ein Wörterbuch zu benutzen.
- [c] in der Prüfung zu trinken.

2 Wie wird meine Prüfungsleistung bewertet? Lesen Sie den Infotext und die Aussagen 1–6 auf S. 93. Sind die Aussagen richtig oder falsch? Kreuzen Sie an.

Ihre Prüfungsleistung
Sie bekommen für jeden Prüfungsteil (*Hören* und *Lesen*; *Schreiben*; *Sprechen*) ein eigenes Ergebnis.

Prüfungsteile *Hören* und *Lesen*
Für jede Aufgabe, die richtig gelöst ist, gibt es einen Punkt. Sie können maximal 45 Punkte bekommen.

Prüfungsteil *Schreiben*
Ihr Text wird von einer Prüferin / einem Prüfer bewertet. Sie / Er bewertet vier Fragen:
– Passt Ihre Lösung zur Aufgabe? (max. 5 Punkte)
– Können Sie sich gut ausdrücken? (max. 5 Punkte)
– Ist das grammatisch richtig? (max. 5 Punkte)
– Haben Sie einen großen Wortschatz? (max. 5 Punkte)
Sie können maximal 20 Punkte bekommen.

Prüfungsteil *Sprechen*
Ihre Leistung wird inhaltlich von zwei Prüfenden mithilfe von fünf Fragen bewertet:
– Passt Ihre Lösung inhaltlich zur Aufgabe? (max. 50 Punkte)
– Kann man gut verstehen, was Sie sagen? (max. 10 Punkte)
– Sprechen Sie flüssig oder gibt es große Pausen? (max. 10 Punkte)
– Ist das grammatisch richtig? (max. 15 Punkte)
– Haben Sie einen großen Wortschatz? (max. 15 Punkte)
Sie können maximal 100 Punkte bekommen.

PRÜFUNGSTRAINING DTZ

Das **DTZ-Zertifikat B1** bekommen Sie, wenn Sie beim Sprechen und mindestens bei einem schriftlichen Teil (*Hören* und *Lesen* oder *Schreiben*) B1 erreicht haben.

Das **DTZ-Zertifikat A2** bekommen Sie, wenn Sie beim *Sprechen* und mindestens bei einem schriftlichen Teil A2 (*Hören* und *Lesen* oder *Schreiben*) erreicht haben.

	Hören und Lesen	Schreiben	Sprechen
Punktzahl für B1	33 – 45	15 – 20	75 – 100
Punktzahl für A2	20 – 32	7 – 14	35 – 74,5
Punktzahl für unter A2	0 – 19	0 – 6	0 – 34,5

		richtig	falsch
1	Sie bekommen Ihr Prüfungsergebnis in drei Teilen.	○	○
2	Bei *Hören* und *Lesen* kann man 45 Punkte bekommen.	○	○
3	Beim *Schreiben* ist es besonders am wichtigsten, dass Ihr Text ohne Fehler ist.	○	○
4	Beim *Sprechen* bekommt man für den Inhalt die meisten Punkte.	○	○
5	Für 17 Punkte beim *Schreiben* und 70 Punkte beim *Sprechen* gibt es ein B1-Zertifikat.	○	○
6	Für 25 Punkte beim *Hören* und *Lesen* und 40 Punkte beim *Sprechen* gibt es ein A2-Zertifikat.	○	○

3 Tipps für die Prüfung

a Lesen Sie und unterstreichen Sie wichtige Informationen. Fassen Sie dann die sechs Tipps für sich zusammen. Vergleichen Sie dann mit Ihrer Partnerin / Ihrem Partner.

---

www.info-ankommen.net

Eure Erfahrungen bei der Prüfungsvorbereitung: Was hat euch geholfen?

Jan98 Ich habe in den Tagen vor der Prüfung nochmal alle Aufgaben für die Prüfungsvorbereitung im Arbeitsbuch gemacht. Danach habe ich mich sicherer gefühlt.

HyolimK Für die mündliche Prüfung habe ich besonders viel geübt. Ich habe mich immer wieder mit dem Handy aufgenommen – bis ich zufrieden war..

JennyB Ich kann nur empfehlen, einen Modelltest zu machen. Den findet man im Internet. Einfach nach „Modelltest DTZ" suchen, den Test machen und dann mit den Lösungen vergleichen. Das geht für Hören und Lesen sehr gut!

PedroGee Für mich war es gut, nochmal die Texte zu lesen, die wir im Kurs geschrieben haben. Das war eine gute Wiederholung. Und ich habe gesehen, was ich alles kann!

UmutS Mir hat es wenig Spaß gemacht, allein zu üben. Darum habe ich mich mit anderen aus dem Kurs getroffen.

Ketut97 Ich muss sagen, ich hatte ziemlich Angst vor der Prüfung. Aber ich glaube, das geht jedem so. Das ist irgendwie normal. Ich habe versucht, ruhig zu bleiben.

---

b Welche Tipps aus **a** finden Sie besonders hilfreich? Sprechen Sie zu zweit. Ergänzen Sie weitere Tipps und vergleichen Sie mit einem anderen Paar.

NOCH MEHR!

13 5 → S. 7

★☆ **Lesen Sie und kreuzen Sie an.**

NATURWUNDER: DER BLAUTOPF

Vögel singen, riesige Bäume spiegeln sich im blaugrünen Wasser … Nein, wir sind ☒ weder ○ nicht nur in der Karibik ○ noch ○ sondern auch (1) auf einer einsamen Insel! Wir sind in Blaubeuren in Süddeutschland, am *Blautopf*. Seine blaue Farbe bleibt immer gleich. Sie verändert sich ○ weder ○ sowohl durch die Wassermenge ○ noch ○ als auch (2) durch das Sonnenlicht. Der *Blautopf* hat eine große kulturelle Bedeutung. Über den kleinen See gibt es ○ weder ○ nicht nur viele Geschichten, ○ noch ○ sondern auch (3) Märchen und Lieder. Ein Ausflug nach Blaubeuren lohnt sich aber ○ weder ○ nicht nur wegen des *Blautopfs*, ○ noch ○ sondern auch (4) wegen der hübschen Altstadt. Blaubeuren ist ca. 15 km von Ulm entfernt und von Ulm aus ○ weder ○ sowohl mit dem Zug ○ noch ○ als auch (5) mit dem Fahrrad gut zu erreichen. Forschende haben aber entdeckt, dass der See nicht ungefährlich ist. Unter dem See gibt es ○ weder ○ nicht nur Höhlen, ○ noch ○ sondern auch (6) riesige Hallen aus Stein. Daher darf man im *Blautopf* ○ weder ○ sowohl schwimmen ○ noch ○ als auch (7) tauchen. Wenn man mehr über den See erfahren möchte, kann man ○ weder ○ sowohl ein Museum ○ noch ○ als auch (8) Führungen am See besuchen.

★★ **Dorothea Erxleben: Die erste deutsche Ärztin**

Ergänzen Sie mit *sowohl … als auch …*, *nicht nur … sondern auch …* oder *weder … noch …*
Bei den Sätzen 2 und 4 gibt es mehrere Möglichkeiten.

Dorothea Erxleben wurde am 13. November 1715 in Quedlinburg geboren. Ihr Vater war Arzt und unterrichtete zu Hause _nicht nur seine Söhne, sondern auch Dorothea_ (seine Söhne und Dorothea) (1). Dorothea interessierte sich _____ (für Naturwissenschaften und für Latein) (2). Lateinkenntnisse waren früher eine Voraussetzung für ein Medizinstudium. Damals durften Frauen in Deutschland jedoch _____ (nicht als Ärztin arbeiten und nicht Medizin studieren) (3). Doch Dorothea hatte Glück: Sie durfte ihren Vater bei Krankenbesuchen _____ (begleiten und unterstützen) (4). Wenige Jahre später erlaubte ihr König Friedrich II persönlich, ein Medizinstudium zu beginnen. Wegen ihrer großen Familie hatte sie nun jedoch keine Zeit dazu. Später _____ (sie übernahm die Praxis ihres Vaters und sie schrieb auch ihre Promotion) (5). _____ (nicht die anderen Ärzte und nicht ihre Familie) (6) unterstützten sie dabei. Im Jahr 1754 bekam sie trotzdem den Doktortitel – als erste Frau in Deutschland.

NOCH MEHR!

14 4 → S. 12

★ **Bewerbungen früher und heute. Kreuzen Sie an.**

Bewerbungen haben sich mit der Zeit stark verändert. Früher waren sie oft auf Papier und man musste sie per Post verschicken, ☒ was ○ wo (1) viel Zeit und Geld kostete. Heute bewirbt man sich meistens online, ○ was ○ wo (2) den Prozess viel einfacher gemacht hat. Früher gab es in Zeitungen Anzeigenseiten, ○ was ○ wo (3) Bewerberinnen und Bewerber passende Angebote finden konnten. Heute gibt es im Internet viele Jobbörsen, ○ was ○ wo (4) man schnell nach neuen Stellen suchen kann. Vieles, ○ was ○ wo (5) sich verändert hat, hängt also mit der Digitalisierung zusammen. Es gibt Kurse und Institute, ○ was ○ wo (6) man lernen kann, wie man sich online richtig bewirbt. Diese Kurse sind wichtig, denn eine gute Bewerbung ist das, ○ was ○ wo (7) heute noch über Erfolg und Misserfolg bei der Jobsuche entscheidet.

★★ **Das perfekte Urlaubsland. Bilden Sie Sätze mit was und wo.**

1 Deutschland ist ein Land,   a Das wünschen sich viele Urlauber.
2 Das Land bietet genau das,   was   b Da muss man unbedingt gewesen sein.
3 Es gibt viele touristische Ziele,   wo   c Das macht den Urlaub angenehm.
4 Hier gibt es einfach alles,   d Viele Touristen wollen Urlaub machen.

1. Deutschland ist ein Land, wo viele Touristen Urlaub machen wollen.

15 2 → S. 15

★ **Ergänzen Sie lassen in der richtigen Form und das passende Verb.**

arbeiten | liefern | ~~reinigen~~ | reparieren | schneiden | verpacken

NOCH MEHR!

★★ Wer lässt etwas machen? G

Schreiben Sie die **fetten** Satzteile mit *(sich) lassen* neu. Verwenden Sie die markierten Personen.

DIE GETRÄNKE BRINGT DER ROBOTER

Berlin – Fast geräuschlos bewegt sich ein Roboter zwischen den Tischen des Restaurants *Miramare*. Da es wie in vielen anderen Restaurants auch hier an Personal fehlt, **werden die Mitarbeiter von einem Service-Roboter unterstützt** (1). Die Restaurantleiterin ist begeistert: „Durch unseren *Gastrofix*-Roboter haben die Mitarbeiter mehr Zeit, sich um die Gäste zu kümmern. Das sieht dann so aus: Während ein Kellner die Gäste berät, **wird schon mal das schmutzige Geschirr vom Nebentisch vom Gastrofix in die Küche gebracht** (2). Wenn **die Getränke vom Gastrofix aus dem Lager geholt werden** (3), muss man selbst nicht so viel laufen. Das ist in einem großen Haus sehr wichtig. Außerdem gibt es bei unserem Personal kaum noch Rückenprobleme, seitdem **schwere Dinge vom Roboter transportiert werden** (4)." Im *Miramare* sind die Erfahrungen positiv. Der Roboter erleichtert die Arbeit und den Gästen gefällt die neue Bedienung auch. **Sie werden gern von einem Roboter bedient** (5).

1. ... lassen sich die Mitarbeiter von einem Service-Roboter unterstützen

16 9 → S. 31

★ Was passt? Lesen Sie und ordnen Sie zu. G

aber desto entweder je̶ je oder umso zwar

Schau mal, Fridoline, der neue Haushaltsroboter ist endlich da! Je mehr er im Haushalt hilft, _____ (1) weniger müssen wir selbst machen. Ist das nicht super?

Ich verstehe das einfach nicht! Ich gebe dem Roboter _____ schon den ganzen Tag Befehle, _____ (2) er macht einfach *gar* nichts. Vielleicht ist er ja kaputt?!

_____ schneller, _____ (3) besser! Los! Los!

Hilfe!! Dieser Roboter ist wirklich verrückt geworden! _____ wir bringen ihn sofort wieder zurück _____ (4) ich ziehe aus!

NOCH MEHR!

★★ **Was sagt der Versicherungsmakler?**

Lesen Sie den Dialog und schreiben Sie die Sätze des Versicherungsmaklers ○ neu. Verwenden Sie *entweder ... oder ...*, *je ... desto ...* und *zwar ... aber ...*

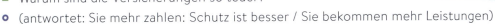

- ○ (bietet an: diese Haftpflichtversicherung – diese Haftpflichtversicherung)
  Sie können entweder diese oder diese Haftpflichtversicherung nehmen. (1)
- ◘ Warum sind die Versicherungen so teuer?
- ○ (antwortet: Sie mehr zahlen: Schutz ist besser / Sie bekommen mehr Leistungen)

_____ (2)

- ◘ Danke. Ich möchte mir die Sache aber gern noch einmal überlegen.
- ○ (empfiehlt: Reiseversicherung – nur für Europa oder für die ganze Welt)

_____ (3)

- ◘ Wie viel kostet die?
- ○ (sagt: Versicherung nicht billig, lohnt sich aber, denn: Sie immer entspannt in den Urlaub fahren können)

_____
_____ (4)

- ◘ Ich möchte eigentlich weniger reisen. Mein Risiko ist also ziemlich gering. Ich denke, dass ich die Versicherung eigentlich nicht brauche.

17 | 5 → S. 34

★ **So habe ich mein Praktikum bekommen.** *Indem* oder *sodass*? Kreuzen Sie an.

ÜBER MICH   **ARTIKEL**   KOMMENTARE

Letztes Jahr habe ich mich um ein Praktikum bei einer Medienagentur beworben, ☒ indem ○ sodass (1) ich ein Video über mich selbst gemacht habe. Zuerst habe ich Ideen gesucht, ○ indem ○ sodass (2) ich Bewerbungsvideos im Internet angeschaut habe. Dann habe ich den Bewerbungstext aufgeschrieben, ○ indem ○ sodass (3) ich nichts Wichtiges vergesse. Dort habe ich viel von meinen Interessen erzählt, ○ indem ○ sodass (4) die Firma mich schon vorab ein bisschen kennenlernen konnte. Natürlich habe ich auch von meinem Studium berichtet, ○ indem ○ sodass (5) ich meine Abschlussarbeit vorgestellt habe. Die Medienagentur hat mir geantwortet, ○ indem ○ sodass (6) sie mir eine Videonachricht geschickt hat. Sie fanden mein Video super, ○ indem ○ sodass (7) ich das Praktikum bekommen habe!

NOCH MEHR!

Brandenburgs schönste Stimme. Wie läuft alles ab?

Schreiben Sie Sätze mit *indem* oder *sodass*.

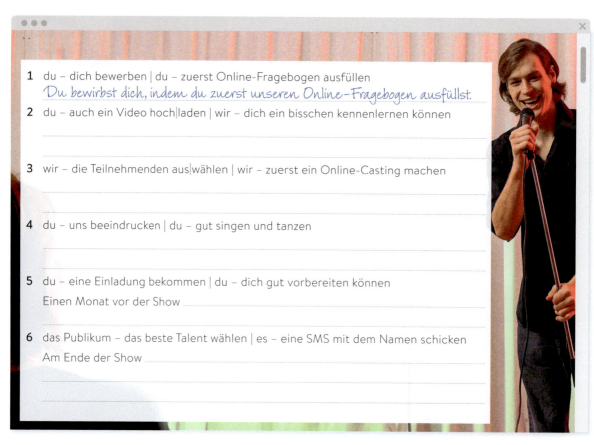

1. du – dich bewerben | du – zuerst Online-Fragebogen ausfüllen
   Du bewirbst dich, indem du zuerst unseren Online-Fragebogen ausfüllst.
2. du – auch ein Video hoch|laden | wir – dich ein bisschen kennenlernen können
3. wir – die Teilnehmenden aus|wählen | wir – zuerst ein Online-Casting machen
4. du – uns beeindrucken | du – gut singen und tanzen
5. du – eine Einladung bekommen | du – dich gut vorbereiten können
   Einen Monat vor der Show
6. das Publikum – das beste Talent wählen | es – eine SMS mit dem Namen schicken
   Am Ende der Show

18 | 7 → S. 39

Plusquamperfekt: *Haben* oder *sein*? Ergänzen Sie in der richtigen Form.

Letztes Wochenende war ich mit meinen drei besten Freundinnen in Wien. Vor der Reise _hatte_ (1) ich mich viele Wochen lang so richtig gefreut. In Wien wollten wir den Abschluss unseres Deutschkurses feiern und zusammen viel Spaß haben. Doch dann kam es anders.
Wir _____ (2) gerade am Hotel angekommen, als mein Handy klingelte. Es war mein WG-Bewohner aus Frankfurt. Was wollte er nur? „Als ich heute nach Hause kam, war die Tür offen", beschwerte er sich bei mir. „Du _____ (3) sie nicht richtig abgeschlossen!" Zum Glück war aber alles noch da. Puh, gut gegangen. 🙂 Nachdem ich aufgelegt _____ (4), checkten wir im Hotel ein. Danach erkundeten wir die Innenstadt. Nachdem wir zu Fuß mehrere Sehenswürdigkeiten besichtigt _____ (5), fanden wir den Weg zum Hotel nicht wieder. Erst da fiel uns auf, dass wir ohne unsere Handys in die Stadt gegangen _____ (6)! 😳 Wie doof! 🏃 Nachdem unsere Clique stundenlang aufgeregt durch die Straßen von Wien gelaufen _____ (7) und gefühlt hundert Leute nach dem Weg gefragt _____ (8), waren alle richtig hungrig und müde, und die Füße taten weh. Als wir dann endlich unser Hotel gefunden _____ (9), fielen wir sofort in die Betten. Am nächsten Morgen waren wir so müde, dass wir keine Lust hatten, wieder in die Innenstadt zu gehen. Nachdem wir den ganzen Vormittag im Hotel geblieben _____ (10), um uns auszuruhen, mussten wir am Nachmittag wieder zum Flughafen. Dumm gelaufen!

NOCH MEHR!

★★ **Mein Morgen. Schreiben Sie Sätze.**

1 Normalerweise stehe ich auf, kurz nachdem der Wecker geklingelt hat (normalerweise ich aufstehen | kurz nachdem der Wecker klingeln). Aber heute habe ich ihn nicht gehört.

2 _____ (ich kurz vor 10 Uhr hektisch aus dem Bett springen | nachdem mein Handy mich wecken). Es war meine Kollegin!

3 Dann habe ich eilig meine Kleider gesucht. _____ (nachdem ich mich anziehen | ich sofort losgehen). Zum Duschen und Frühstücken hatte ich keine Zeit!

4 _____ (nachdem ich im Büro ankommen | mir meine Kollegin erst mal einen Kaffee machen).

5 _____ (nachdem ich den Kaffee trinken | es mir ein bisschen besser gehen) (5).

19 6 → S. 52

★☆ **Passiv. Lesen Sie und ergänzen Sie *werden* in der richtigen Form**

ABSCHLUSSFEIER DER KANT-BERUFSSCHULE

Am Samstag sind die 189 Schülerinnen und Schüler der Abschlussklassen mit einer großen Feier verabschiedet worden (1). Zuerst _____ (2) die jungen Leute von Schulleiterin Anna Maier-Dorn begrüßt. Die anschließende Rede _____ (3) vom Direktor des Handwerksverbands Theodor Claus gehalten. „Viele von Ihnen sind von ihren Ausbildungsbetrieben übernommen _____ (4). Fachkräfte werden immer gesucht", erklärte er. Danach _____ (5) die Zeugnisse verteilt. Dann _____ (6) der gemütliche Teil des Abends eröffnet: Es _____ (7) gegessen und zu Live-Musik getanzt. Das Essen war zuvor von den Absolventinnen und Absolventen der Koch-Ausbildung frisch zubereitet _____ (8). Bis kurz nach Mitternacht ist in der Festhalle gefeiert _____ (9).

★★ **Was wurde im Feriencamp gemacht?**

Schreiben Sie die Sätze auf S. 100 im *Passiv Präteritum* (PPrä) und *Passiv Perfekt* (PPer).

Programm für die Mitarbeiter:innen

Samstag, 17.7.
9 Uhr: Campleitung stellt Mitarbeiter:innen vor
10 Uhr: zwei große Zelte für Kinder aufbauen (im grünen Zelt: schlafen, im roten Zelt: spielen und essen)
Abend: Eltern bringen Kinder zum Camp-Eingang

18.7. – 23.7.
6 Uhr: Campmitarbeiter:innen wecken Kinder
7:15 Uhr: Frühstück
8 Uhr: Mitarbeiter:innen teilen Kinder in drei Gruppen ein, dann spielen, singen
Nachmittags: Ausflüge machen
Abendessen immer zusammen kochen
20 Uhr: den nächsten Tag besprechen

Samstag, 24.7.
7:15 Uhr: Frühstück
Vormittag: Eltern holen Kinder wieder ab

NOCH MEHR!

Meine Freundin Claire und ich haben im Sommer **Work & Travel** *gemacht. Wir haben in einem Sommercamp für Kinder gearbeitet. Das war super – aber auch echt viel Arbeit.*

Am ersten Tag <u>wurden die Mitarbeiter:innen von der Campleitung vorgestellt</u> (PPrä) (1).
Danach _____
_____ (PPer) (2). Im grünen Zelt
_____ (PPrä) (3). Am ersten Abend
_____ (PPrä) (4). Jeden Morgen
_____
(PPrä) (5). Um 8 Uhr _____
_____ (PPer) (6). Danach
_____ (PPrä) (7). Nachmittags
_____ (PPrä) (8). Das Abendessen
_____ (PPer) (9). Um 20 Uhr
_____ (PPrä) (10). Die erste Woche war schnell vorbei … und am Samstagvormittag _____
_____ (PPer) (11).

20 8 → S. 56

★ **Was passt? Kreuzen Sie an.** G

www.tinasfragenforum.net

Es ist gut, öfter mal aufs Smartphone zu verzichten. Seht ihr das auch so?

Anton Ja, das finde ich auch. Mich nerven die vielen Fotos. Ich bin vielleicht altmodisch, aber ich bekomme viel lieber Urlaubsgrüße auf einer Postkarte, ☒ statt ◯ ohne (1) dass ich mir tausend Strandfotos auf dem Handy anschaue. Außerdem fotografieren alle ihr Essen. Ich finde, man kann auch mal essen, ◯ ohne ◯ ohne dass (2) ein Foto vom Gericht zu posten.

Lilly Ohne Smartphone hat man mehr echte Gespräche. Man geht mit Freunden zusammen in die Kneipe, ◯ anstatt ◯ ohne (3) zu Hause zu bleiben und den ganzen Abend mit Freunden zu chatten. Ich nutze die sozialen Medien sowieso nicht so viel. Wenn ich etwas von einem Freund brauche, rufe ich ihn lieber an, ◯ anstatt dass ◯ anstatt (4) eine Nachricht zu schicken. Wenn ich meinen Freunden sage, dass ich kein Handy benutze, sind sie zuverlässiger und pünktlicher. Ich kann mich mit einer Freundin treffen, ◯ statt ◯ ohne (5) dass sie vorher schreibt, dass sie später kommt.

Frank B. Smartphones sind praktisch. Aber meiner Meinung nach gibt es viele Situationen, in denen man keins braucht. Das geht schon morgens los: Ich benutze einen klassischen Wecker, ◯ statt ◯ statt dass (6) mich das Smartphone weckt. Und warum man eine Fitness-App nutzen soll, habe ich auch noch nie verstanden. Man kann ja selbst auf mehr Bewegung im Alltag achten. Dazu braucht man doch kein Handy! Ich gehe jedenfalls spazieren, ◯ anstatt ◯ ohne (7) dass eine App meine Schritte zählt.

NOCH MEHR!

** Ergänzen Sie die Sätze mit *statt zu/dass* oder *ohne zu/dass*.

WIE WIRD MAN JOURNALIST/IN?
Interview mit der Journalistin Ina Rohrer   von Jonas Keller

Für viele ist Journalistin ein Traumberuf. Wie wird man das?
Ich selbst habe eine Journalistenschule absolviert. Man kann aber auch Journalismus an einer Uni studieren, *statt eine Journalistenschule zu besuchen* (nicht eine Journalistenschule besuchen) (1). Theoretisch kann man sogar „einfach so" Journalist werden, _____ _____ (vorher keine Ausbildung oder kein Studium abschließen) (2). Denn im Gesetz steht, dass man seine Meinung verbreiten darf, _____

_____ (man keine bestimmten Voraussetzungen erfüllen müssen) (3).

Sind Sie als Journalistin angestellt?
Ja, ich bin in der Online-Redaktion einer Zeitung angestellt. Als Angestellte hat man mehr Sicherheit. Aber viele Kolleginnen und Kollegen arbeiten auch freiberuflich. Da hat man mehr Freiheiten und kann an Themen arbeiten, _____

(vorher keinen Auftrag bekommen) (4).

Wo kann man als Journalistin noch arbeiten?
Es gibt viele Möglichkeiten. _____

_____ (nicht für Zeitungen schreiben oder in einer Agentur arbeiten) (5), kann man z. B. auch als Redakteur beim Fernsehen oder Radio arbeiten.

Viele Menschen interessieren sich nicht mehr für traditionelle Medien. Warum ist das so?
Ich glaube, die Leute haben keine Lust, immer nur negative Nachrichten zu lesen. Die Leser sollen mehr über positive Ereignisse erfahren, _____

(Medien nicht nur über Probleme berichten). (6) Eine Zeitung könnte z. B. über ein Projekt schreiben, das erfolgreich gegen Arbeitslosigkeit kämpft, _____

_____ (die Leser nur über hohe Arbeitslosenzahlen informierten) (7).

NOCH MEHR!

21 6 → S. 59

★ **Welches Verb passt? Ergänzen Sie in der richtigen Form.**

bearbeiten   besprechen   bezahlen   knüpfen   ~~nennen~~   überlegen

Online- oder Präsenzkurse: Vorteile

Sowohl Online- als auch Präsenz-Kurse haben Vorteile. Als Vorteile von Online-Kursen können Flexibilität und selbstgesteuertes Lernen _genannt_ (1) werden, das heißt, sie können unabhängig vom Wohnort und oft nach eigenem Zeitplan _____ (2) werden. Sie sind häufig auch kostengünstiger, weil keine Reisekosten _____ (3) werden müssen. Präsenz-Kurse haben aber den Vorteil, dass Aufgaben vor Ort miteinander _____ (4) werden können. Vielen Teilnehmenden gefällt es auch, dass im Präsenzunterricht viel leichter neue Kontakte _____ (5) werden können. Vor der Anmeldung zu einem Kurs sollte genau _____ (6) werden, welcher Kurs für den eigenen Lerntyp der richtige ist.

★★ **An der Senioren-Uni. Schreiben Sie die Sätze im Passiv.**

SENIOREN-UNI
Das müssen Sie wissen!

- _Auch im Alter kann noch studiert werden_ (auch im Alter | noch studieren können) (1).
- Nicht alle Veranstaltungen _____ (besuchen müssen) (2).
- Bei einigen Universitäten _____ (Prüfungen | mehrmals wiederholen dürfen) (3).
- Menschen mit gesundheitlichen Problemen _____ (von jüngeren Studierenden | betreuen können) (4).
- Freiwillige Seminare _____ (nicht zur Gesamtnote zählen) (5).

NOCH MEHR!

22 | 6 → S. 74

★ **Die Bürger protestieren. Ergänzen Sie die Sätze mit *als ob* ...**

1. Sie tun so, als ob *alle Bürger reich wären* (alle Bürger | reich sein)!

2. Es scheint, als ob _____ (unsere Sorgen | Sie nicht interessieren)!

3. Es wirkt so, als ob _____ (Sie | von unserer Lebensrealität | keine Ahnung haben)!

4. Es sieht für uns so aus, als ob _____ (für Sie | alles egal sein)!

★★ **Schein und Wirklichkeit**

Sehen Sie die Bilder an und bilden Sie *als ob*-Sätze. Es gibt mehrere Möglichkeiten.

1 Carlo 2 Kinga (Ich kann nicht ... Wichtige Vorlesung!) 3 Dennis 4 Gesa (Ich habe viel zu tun!)

Es sieht so aus, ...
... tut so, ...
Es scheint, ...
Es wirkt so, ...

am Schreibtisch sitzen
fleißig arbeiten
müde sein
passend gekleidet sein
an einer Vorlesung teilnehmen
viel zu tun haben
wenig geschlafen
an der Uni sein

1. Es scheint, als ob Carlo müde wäre und wenig ...

NOCH MEHR!

23 | 6 → S. 78

★☆ **Kreuzen Sie an und ergänzen Sie das Partizip.**

Menschen erzählen aus der Geschichte: Mauerbau 1961

Mein Freund hat in Westberlin gewohnt. Ich bin kurz vor dem Mauerbau nach Westberlin gezogen. Das war damals gerade noch möglich. Heute frage ich mich manchmal: Was ○ hätte ✗ wäre _gewesen_ (sein) (1), wenn ich diese Chance nicht _____ (nutzen) ○ hätte ○ wäre (2)? Mein Leben ○ hätte ○ wäre ganz anders _____ (werden) (3), wenn ich in der DDR _____ (bleiben) ○ hätte ○ wäre (4). Eigentlich war ich mit meinem Leben dort nicht unzufrieden. Wenn mein Freund nicht im Westen _____ (leben) ○ hätte ○ wäre (5), ○ hätte ○ wäre ich sicher nicht in den Westen _____ (gehen) (6). In der BRD habe ich mich schnell eingelebt. Ich bin bei meinem Freund eingezogen und habe eine Stelle als Bürokauffrau gefunden. Wenn das mit der Beziehung nicht _____ (klappen) ○ hätte ○ wäre (7), ○ hätte ○ wäre ich wieder in den Osten _____ (zurückgehen) (8). Aber später war ich dann wirklich froh, dass ich in Westberlin leben konnte.

★★ **Fridolins Besuch mit Hindernissen**

Sehen Sie die Bilder an und verbinden Sie. Schreiben Sie dann irreale Konditionalsätze.

1. Fridolin Fridoline Blumen mitbringen
2. er rechtzeitig zum Bahnhof kommen
3. sein Akku nicht leer sein
4. Fridoline ihn vom Bahnhof abholen
5. er nicht zu Fuß gehen
6. er einen Schirm mitnehmen

a. er Fridoline anrufen
b. ein Taxi da sein
c. er nicht total nass werden
d. der Blumenladen nicht geschlossen sein
e. er Bescheid geben
f. er den Zug nicht verpassen

> 1. Fridolin hätte Fridoline Blumen mitgebracht, wenn der Blumenladen nicht geschlossen gewesen wäre.
> 2. Wenn er ...

NOCH MEHR!

24 | 8 → S. 83

★☆ **Was passt? Umkreisen Sie. Lesen Sie die Anzeige dann laut vor.**

Lu $\frac{\cancel{x}}{ks}$us (1) pur, das ist unser Versprechen! Auf se $\frac{chs}{ks}$undzwanzigtausend (2) Quadratmetern erholen Sie sich, weit weg von Allta $\frac{gs}{ks}$problemen (3). Nutzen Sie unser abwe $\frac{x}{chs}$lungsreiches (4) Sportprogramm! Viele Ausflu $\frac{gs}{ks}$ziele (5) erreichen Sie mit unserem Wasserta $\frac{chs}{x}$ (6) i, zum Beispiel das A $\frac{qu}{k}$arium (7). Wenn Sie den ganzen Tag unterwe $\frac{gs}{ks}$ (8) sein möchten, packen wir Ihnen gern unsere berühmte $\frac{K}{Qu}$iche (9) für die Mitta $\frac{gs}{ks}$pause (10) ein. Ma $\frac{ks}{x}$imalen (11) Spaß gibt's sonnta $\frac{ks}{gs}$ (12) bei unserem $\frac{Qu}{Gw}$izabend (13)! Bleiben Sie bis kurz vor Reisebeginn fle $\frac{ks}{x}$ibel (14). Wir freuen uns auf Sie!

4 🔊 43 ★★ **Hören Sie und ergänzen Sie die Wörter. Lesen Sie die Texte dann laut.**

FITNESS-ABC MÜNSTER

Wir bieten regelmäßig Sportkurse für _Erwachsene_ (1) an. Kommen Sie zur _____ (2) oder zum _____ (3)! In unseren Gruppen können _____ (4) zehn Personen teilnehmen. Sie finden uns eine _____ (5) weiter und dann gleich _____ (6).

Suchen Sie noch eine Aktivität fürs Wochenende?

Die Delfine im Zoo haben gerade _____ (7) bekommen! Immer _____ (8) erfahren Sie von unseren _____ (9) alles Wichtige über die Tiere. Buchen Sie Ihre Tickets _____ (10) online!

LERNWORTSCHATZ

(Sg.) / (Pl.) = Diese Wörter kommen so nur im Singular / Plural vor.
ugs. = umgangssprachlich
Ⓐ = österreichische Varietäten
㏄ = Schweizer Varietäten
Der Wortschatz zu „Fokus Beruf" ist fakultativ. Er gehört nicht zum regulären Lernwortschatz.

13 Tauben, meine Lieblingstiere!

1b
- das Vorurteil, -e — Das stimmt nicht! Das ist doch nur ein ~!
- der Dreck (Sg.) — ~ = Schmutz

> Lernen Sie neue Nomen zusammen mit ihren Synonymen (=) oder Gegenteilen (↔).

- angeblich — Sie hat die Prüfung ~ bestanden.
- der Feind, -e — ~ ↔ Freund
- füttern
- jahrelang — ~ = über mehrere Jahre
- nähern (sich) — Kinder haben oft Angst, wenn sich ihnen Hunde ~.
- übertragen (⚠ du überträgst, er / es / sie überträgt, übertrug, hat übertragen) — Fliegen können Krankheiten ~.

> Lernen Sie Verben mit Nomen, mit denen sie häufig kombiniert werden, z. B. *Krankheiten + übertragen*.

2a
- der Meister, - — ~ ↔ Schüler
- die Meisterin, -nen
- weder ... noch — ○ Schau! Das ist ~ ein Zebra ~ ein Esel! ▫ Ah, das ist ein Zesel!
- die Geschwindigkeit, -en — Der Zug ist schnell. Er fährt mit einer ~ von 300 km pro Stunde.

> Lernen Sie neue Ausdrücke im Kontext, also eingebettet in einen Satz.

- das Nest, -er
- selbstverständlich — ~ = natürlich
- der Zweck, -e — Beim Spendenmarathon im Fernsehen sammeln die Promis Geld für einen guten ~.
- der Versuch, -e — Es war richtig schwer. Doch es hat gleich beim ersten ~ geklappt!
- das Muster, - — Das Kleid hat ein schönes Blumen~.
- das Wunder, - — Mo macht freiwillig Hausaufgaben. Das ist ein ~!
- lebenslang — Der Mörder muss ~ ins Gefängnis!

LERNWORTSCHATZ

◆ das Verhältnis, -se — Ich habe ein gutes ~ zu meinen Geschwistern.

◆ der Nachwuchs (Sg.) — ~ ≈ Kinder

sowohl ... als auch — ~ das Männchen ~ das Weibchen kümmern sich bei den Tauben um den Nachwuchs.

2b ◆ die Entfernung, -en — Die ~ zum Strand ist nicht weit.

merken (sich) — Das Passwort ist lang. Kannst du es dir wirklich ~?

unterscheiden (⚠ er / es / sie unterschied, hat unterschieden) — Die Zwillinge schauen für mich gleich aus. Ich kann sie nicht voneinander ~.

4a nützlich — Danke für die Tipps. Sie sind sehr ~.

dumm — ~ ↔ klug, schlau

faul — ~ ↔ fleißig

frech — Sei nicht so ~!

wild — Im Dschungel leben viele ~e Tiere.

4a Tiere

 ◆ die Taube, -n

 ◆ die Ratte, -n

 ◆ die Spinne, -n

 ◆ die Eule, -n

 ◆ der Tiger, -

 ◆ der Delfin, -e

 ◆ der Tintenfisch, -e

 ◆ die Ziege, -n

 ◆ der Hirsch, -e

 ◆ der Fuchs, ⸚e

 die Ziege

> Spielen Sie mit einer Partnerin / einem Partner ein Memo-Spiel. Schreiben Sie Tiernamen mit Artikel auf Karteikärtchen. Kleben Sie auf Karteikärtchen in einer anderen Farbe passende Fotos von den Tieren. Mischen Sie dann die Kärtchen und legen Sie sie umgedreht auf den Tisch. Drehen Sie ein Bildkärtchen um und sagen Sie, was Sie sehen, z. B. *Das ist eine Ziege.* Drehen Sie dann ein Wortkärtchen um. Wenn das Wort zum Bild passt, können Sie das Paar behalten und weiterspielen. Wenn das Wort nicht passt, ist Ihre Partnerin / Ihr Partner dran. Spielen Sie so lange weiter, bis Sie alle Paare gefunden haben. Die Person mit den meisten Paaren gewinnt.

LERNWORTSCHATZ

14 Hast du dich schon beworben?

1 ◆ das Geschlecht, -er — Die ~er sollten gleich behandelt werden.
  divers — männlich, weiblich und ~
  akzeptieren — Akzeptierst du meine Entschuldigung?

1a bewerben (sich) (als / um) (⚠ du bewirbst dich, er / es / sie bewirbt sich, bew**a**rb sich, hat sich bew**o**rben) — Ich möchte mich als Hausmeister bei Ihnen ~.

> ❗ Lernen Sie bei unregelmäßigen Verben gleich alle Formen mit.

1b unheimlich — Im Wald war es dunkel und ~. Wir hatten Angst.

2 Bewerbung

◆ das Anschreiben, -
🇦 🇨🇭 ◆ das Bewerbungsschreiben, -

◆ die Probezeit (Sg.)

◆ die Stellenanzeige, -n

◆ das Vorstellungsgespräch, -e

◆ die Recherche, -n

◆ die Unterlage, -n

◆ der tabellarische Lebenslauf, die ~n ~läufe

◆ die Zusage, -n /
◆ die Absage, -n

> ❗ Schwierige und lange Wörter können Sie sich besser merken, wenn Sie sie in Silben zerlegen, z. B. *das An-schrei-ben*, und das Wort mehrere Male laut in Silben sprechen und dazu klatschen.

3a ◆ das Verfahren, - — Mit welchem ~ wird das Buch hergestellt?
  allgemein — In Deutschland gibt es die ~e Schulpflicht. Es müssen also alle Kinder die Schule besuchen.
  ab|hängen (von) (⚠ er / es / sie hing ab, hat abgeh**a**ngen) — ○ Dürfen wir im Museum alleine herumlaufen?
  ▪ Das hängt von eurem Verhalten ab!

3b ◆ die Funktion, -en — Kannst du die neuen ~en des Smartphones erklären?
  geeignet — Wofür ist diese Maschine ~?
  hin|weisen (auf) (⚠ er / es / sie w**ie**s hin, hat hingew**ie**sen) — Wir weisen darauf hin, dass man im Gebäude nicht rauchen darf!

LERNWORTSCHATZ

	◆ die Nachfrage, -n (nach)		Alle wollen das Produkt haben! Die ~ ist sehr groß.
	ab|fragen		Die Informationen kann man aus der Datenbank ~.
	◆ die Qualifikation, -en		Welche ~en haben Sie?
	derselbe (dieselbe / dasselbe)		Paul McCartney ist reich und berühmt. Trotzdem ist er im Herzen ~ Junge geblieben, der er mal war.
	menschlich		Kathi hat ein großes Herz. Sie ist sehr ~.
	kämpfen (gegen)		In der Bibel kämpft David gegen Goliath.
	◆ der Dialog, -e		○ Wie fandest du das Stück? ▣ Mir haben die ~e am besten gefallen.
	erwarten		**Kommen Sie zum Tag der offenen Tür!** Es ~ Sie tolle Vorträge und Aktionen!
	◆ die Struktur, -en		Der Text hat eine komplizierte ~.
	◆ die Methode, -n		Nach welcher ~ arbeitet ihr?
	prüfen		~ → Prüfung
4a	an|wenden		Wie kann ich die Theorie ~?
	◆ die Atmosphäre (Sg.)		In meinem Team ist die ~ super!
6b	◆ der Eindruck, ¨e		Beim Vorstellungsgespräch machte sie einen guten ~.
	◆ das Drehbuch, ¨er		Bevor wir den Film machen können, muss das ~ noch geschrieben werden.
			Lernen Sie die Pluralformen mit. Achten Sie besonders auf Umlaute (a → ä, o → ö, u → ü).
	drehen		Der Film wurde in den Babelsberger Studios gedreht.
	wirken		Sein Lächeln auf dem Foto wirkt nicht natürlich.
7a	entwickeln		Im Praktikum will ich meine Fähigkeiten gern weiter~.
	ein|bringen (sich) (⚠ er / es / sie br**ach**te sich ein, hat sich eingebr**ach**t)		Ich möchte gern meine Kenntnisse ins Projekt ~.
7b	beschäftigen (sich) (mit)		Ich beschäftige mich gern mit Mathematik.

Reflexiv oder nicht? Manche Verben gibt es in beiden Varianten: *Er beschäftigt drei Angestellte.* / *Er beschäftigt **sich** gern mit Mathematik.* Notieren und lernen Sie für die reflexiven Verben passende Beispielsätze für unterschiedliche Personen, z. B. *Ich beschäftige **mich** mit Kunst. Wir beschäftigen **uns** mit Musik.*

LERNWORTSCHATZ

15 Perfekte Partnerschaft!?

2	merkwürdig	~ = komisch
	◆ der Titel, -	○ Wie heißt der Film?
		◻ Der ~ lautet: „Das Boot."
3	körperlich	Hält ~e Arbeit wirklich fit oder macht sie krank?
	humorvoll	~ = witzig
4b	duschen (sich)	~ → Dusche
7b	◆ die Darstellung, -en	Die ~ von Romeo in „Romeo und Julia" war fantastisch.
	◆ der Darsteller, -	~ = Schauspieler
	◆ die Darstellerin, -nen	
7c	◆ der Gedanke, -n	Ist es wirklich besser, auf dem Land zu leben? Dieser ~ beschäftigt mich schon länger.
	◆ die Begründung, -en	Ich brauche eine ~ für deine Entscheidung.
	◆ die Entwicklung, -en	Die ~ des Produkts dauerte viele Jahre.
	◆ die Intelligenz, -en	Die ~ des Computers finde ich super.
8a	◆ die Krise, -n	Ich bin in einer ~ und weiß nicht mehr weiter.
	◆ der Streit (Sg.)	~ → sich streiten

> ! Neue Wörter können Sie sich schneller und besser merken, wenn Sie sie im Kopf mit bekannten Wörtern aus der gleichen Wortfamilie verbinden.

	weinen	~ ↔ lachen
	◆ der Krieg, -e	Viele Menschen starben im ~.
	jedoch	~ = aber, allerdings
	◆ das Herzklopfen (Sg.)	Ana ist in Ben verliebt und bekommt in seiner Nähe immer starkes ~.
	klopfen	Hör mal! Es klopft an der Tür!
	◆ der Zorn (Sg.)	Gestern war Erik so wütend und voller ~.
	weise	Herr Kilian ist so klug und ~.
	bemühen (sich)	~ = sich anstrengen
	beeindrucken	Katja lässt sich durch nichts ~.

8a Liebe

daten (jmd.) (Akk.)

flirten (mit jmd.) (Dat.)

verlieben (sich in jmd.) (Akk.)

Sehnsucht haben (nach etw. / jmd.) (Dat.)

LERNWORTSCHATZ

umarmen (sich / jmd.) (Akk.)

küssen (sich / jmd.) (Akk.)

lieb haben (sich / jmd.) (Akk.)

glücklich machen (jmd.) (Akk.)

lieben (etw. / jmd.) (Akk.)

◆ der Lebenspartner, -
◆ die Lebenspartnerin, -nen

◆ die Liebesbeziehung, -en

◆ die Liebesgeschichte, -n

> *Akkusativ* oder *Dativ*? Schreiben Sie Sätze in der dritten Person Singular (*er*, *sie*) und sagen Sie sie immer wieder laut und deutlich, z. B. *Sie verliebt sich in* **ihn**. *Er verliebt sich in* **sie**. Oder: *Sie hat Sehnsucht nach* **ihm**. *Er hat Sehnsucht nach* **ihr**.

M Fokus Beruf: Vorstellungsgespräch (I)

2a erleichtern — ~ = leichter machen

◆ die Fahrtkosten (Pl.) — Die ~ werden selbstverständlich übernommen.

erstatten — Werden die Gebühren später erstattet?

3a kurzfristig — Leider ist bei mir ~ etwas dazwischengekommen.

wahr|nehmen (⚠ du ni**mm**st wahr, er / es / sie ni**mm**t wahr, n**a**hm war, hat wahrgeno**mm**en) — Ich kann den Termin leider nicht ~.

> Verwenden Sie ein Notizbuch für besonders nützliche neue Wörter und Ausdrücke. Notieren Sie das Wort mit Artikel und / oder anderen Zusatzinformationen (z. B. Präpositionen, unregelmäßige Formen), einem Beispielsatz und einer Übersetzung.

passen — Würde bei Ihnen ein Termin am 10.2. ~?

zeitlich — Ich bin sehr beschäftigt. Gerade geht es bei mir ~ leider gar nicht.

inzwischen — Kara war lange krank. Es geht ihr ~ viel besser.

zurück|ziehen (⚠ er / es / sie z**o**g zurück, hat zurückgez**o**gen) — Ich ziehe meine Bewerbung zurück.

LERNWORTSCHATZ

16 Zwar nervig, aber wichtig

1b ◆ die Vorwahl, -en — ○ Welche ~ hat Österreich? ◻ 0043.

sperren — Meine Geldbörse ist weg. Ich glaube, ich muss meine Kreditkarte ~ lassen.

1c ◆ die Beratung, -en — ~ → beraten

2a ab|heben (⚠ er / es / sie hob ab, hat abgehoben) — Ich möchte Geld von meinem Konto ~.

◆ der Wert, -e — Der ~ des Euro sinkt gerade.

2a **Bank**

◆ das Bargeld (Sg.)

◆ der (Geld)Schein, -e
(CH) ◆ die (Bank)Note, -n

◆ der Geldautomat, -en
(A) ◆ der Bankomat, -en

◆ der Schalter, -

◆ das Konto, -ten

◆ die (Bank)Überweisung, -en

◆ die Zinsen (Pl.)

◆ der Kredit, -e

◆ die Schulden (Pl.)

> ❗ Benutzen Sie Flashcards oder Karteikärtchen (digital oder auf Papier), um Wörter zu wiederholen. Schreiben Sie Nomen mit Artikel auf die Vorderseite und die Übersetzung auf die Rückseite. Testen Sie sich jeden Tag und kontrollieren Sie mit der Rückseite. Wörter, die Sie bereits können, sortieren Sie aus, bis am Ende kein Kärtchen mehr übrig bleibt.

3a je ... umso — ~ mehr du lernst, ~ klüger wirst du.

◆ das Gebiet, -e — Sandra ist eine Expertin auf dem ~ der Philosophie.

grundsätzlich — ~ mag ich Eis. Ich möchte jetzt aber keins essen.

entweder ... oder — Du kannst wählen: ~ nimmst du Erdbeer- ~ Schokoeis.

nach|fragen — Kannst du im Kundenservice ~, ob das Paket schon unterwegs ist?

◆ der Hinweis, -e

+++ AKTUELLES +++
Gestern gab es in der Schillerstraße einen Unfall. Die Polizei freut sich über ~e!

LERNWORTSCHATZ

	je … desto	~ mehr du übst, ~ besser kannst du Klavier spielen.
	melden (sich)	~ Sie sich bitte, falls Sie noch Fragen haben sollten.
	angestellt (sein)	Helge ist bei der Firma *Elektrotech* ~.
	◆ der Schaden, ⸚	Der Wasser~ im Keller war sehr groß.
	verursachen	Rauchen kann schlimme gesundheitliche Probleme ~.
4	sogenannt-	Viele Menschen arbeiten gern im ~en *Homeoffice*.
	finanzieren	Ich muss einen Kredit aufnehmen, um den Umzug zu ~.
	◆ der Vermieter, - ◆ die Vermieterin, -nen	~ ↔ Mieter

> Wiederholen Sie Wörter regelmäßig, um sicherzustellen, dass sie längerfristig im Gedächtnis bleiben.

	◆ die Absicht, -en	○ He, Sie haben meine Hose schmutzig gemacht. ◘ Tut mir leid. Das war keine ~.
	beschädigen	Das Gewitter hat unser Dach beschädigt.
5c	jeweils	Schreibt eure Ideen auf ~ einen Zettel!
6b	wertvoll	Der Goldring ist wirklich sehr ~.
	ab|stellen	Entschuldigung, kann ich meine Tasche hier ~?
	◆ der Lärm (Sg.)	Bei den Nachbarn ist es so laut! Sie machen heute wieder viel ~!
	◆ die Cafeteria, -rien	In der Mittagspause esse ich in der ~.

> Gibt es in anderen Sprachen ähnlich oder gleich klingende Wörter? Internationale Wörter merken Sie sich besser, wenn Sie eine Verbindung zwischen dem neuen Wort und dem Wort in einer anderen Sprache herstellen.

7a	dankbar	Ich bin dir so ~, Sofie!
7b	soviel	~ ich weiß, macht man Pfannkuchen mit Eiern.
	erkundigen (sich)	Du solltest dich bei der Stadt ~.

17 Wenn Wände sprechen

1a	◆ das Werk, -e	Max Stillers ~ beeindruckt bis heute viele Leser.
	erstellen	Für das Projekt müssen wir einen Zeitplan ~.
	politisch	Meine Schwester engagiert sich oft ~.
	◆ die Katastrophe, -n	Der Klimawandel führt zu vielen großen Natur~n.
	farbig	Im Museum sind die Wände nicht weiß, sondern ~.

LERNWORTSCHATZ

2b	meinetwegen		Ich habe keine Lust, ins Museum zu gehen. Aber wenn ihr unbedingt wollt, können wir ~ hingehen.
2c	fantasievoll		Shakespeares *Sommernachtstraum* ist ein sehr ~es Theaterstück.
	gelungen		Ich halte Maries Aufsatz für sehr ~.
	ausgezeichnet		Die Suppe ist sehr lecker. Sie schmeckt ~!
3a	◆ der Bereich, -e		Im ~ der Medizin gibt es viele neue Entwicklungen.
	demokratisch		Deutschland ist ein ~es Land.
	◆ die Galerie, -n		Die Stadt hat mehrere große ~n.
	◆ die Öffentlichkeit (Sg.)		Das Paar tanzte in der ~. Alle konnten zuschauen.
	indem		Ich spare Geld, ~ ich weniger in Clubs gehe.
	◆ die Verwaltung, -en		Theo arbeitet in der Stadt~.
	◆ die Fläche, -en		Die Wohnung hat eine ~ von 70 qm.
	legal		~ ↔ illegal
4b	vegetarisch		~ = fleischlos
	◆ das Benzin (Sg.)		
	◆ der Anwalt, ⸚e		Ich soll ins Gefängnis kommen, obwohl ich nichts Schlimmes gemacht habe. Ich brauche unbedingt einen ~!
	◆ die Anwältin, -nen		
	◆ die Flöte, -n		
	◆ der Misserfolg, -e		~ ↔ Erfolg
	◆ das Misstrauen (Sg.)		~ ↔ Vertrauen
	missverstehen (⚠ er / es / sie missverstand, hat missverstanden)		~ → Missverständnis
	◆ die Frucht, ⸚e		~ = Obst (Sg.)
	◆ das Gebäck (Sg.)		
	Ⓐ ◆ das Süßgebäck (Sg.)		

! Erstellen Sie für Oberbegriffe wie *die Frucht, die Früchte* eine Mindmap. Schreiben Sie das Lernwort in die Mitte und einige Beispiele drum herum. So können Sie das ganze Wortfeld besser im Gedächtnis behalten.

Banane
Erdbeere
Kiwi
Früchte

! In Deutschland nennt man süße Teigwaren *Gebäck*. In Österreich wird mit dem Wort *Gebäck* das ganze Angebot einer Bäckerei (z. B. *Semmeln, Brot, Kipferl,* …) beschrieben.

LERNWORTSCHATZ

5b	überprüfen		Wir müssen die Rechnung nochmal ~.
	◆ die Aufnahme, -n		Seien Sie bitte still. Bei der ~ muss es ruhig sein!
	◆ das Publikum (Sg.)		
5c	◆ der Maler, -		~ → malen
	◆ die Malerin, -nen		
	◆ die Fotografie, -n		~ → fotografieren
	◆ die Zeichnung, -en		~ → zeichnen
	◆ die Grafik, -en		
	befinden (sich)		Entschuldigung, wo befindet sich der Ausgang?
	(⚠ er / es / sie befand sich, hat sich befunden)		

18 Was ist Ihre Rolle?

1a medizinisch — Die Operation war ein ~er Notfall.

2 Krankenhaus

◆ die Station, -en

◆ der Notarzt, ⸚e
◆ die Notärztin, -nen

◆ die Notaufnahme, -n
CH (auch) ◆ die Notstation, -en

◆ der Krankenwagen, -
A ◆ das Rettungsauto, -s

◆ / ◆ der / die Angehörige, -n

◆ die Therapie, -n /
◆ die Behandlung, -en

◆ die Verletzung, -en

◆ das Schmerzmittel, -

◆ die Sprechstunde, -n

◆ der OP-Saal, -Säle
◆ der Operationssaal, -säle

> ❗ Machen Sie eine vergrößerte Kopie der Zeichnung aus Lektion 18/1a des Arbeitsbuches. Schreiben Sie dann drei Nomen zum Themenfeld „Krankenhaus" mit Artikel auf kleine Klebezettel. Kleben Sie die Klebezettel auf die richtige Stelle in der Kopie und sagen Sie, was Sie sehen, z. B. *Das ist die Station.* Lassen Sie die Klebezettel einen Tag später weg und sagen Sie, was Sie sehen. Schreiben Sie nun drei neue Nomen auf Klebezettel und wiederholen Sie die Übung, bis Sie alles im Bild richtig benennen können. Sie können diese Lerntechnik auch für andere Themenfelder verwenden.

LERNWORTSCHATZ

3	behandeln	Die Ärzte mussten den Patienten schnell ~.
	◆ der Respekt (Sg.)	Meine Tochter hat keinen ~ vor mir!
	leiden (an / unter) (⚠ er / es / sie litt, hat gelitten)	Golo leidet an einer seltenen Krankheit. Britta litt früher unter ihrem Chef.

> ❗ Setzen Sie sich täglich ein Lernziel: Lernen Sie fünf, zehn oder mehr Wörter pro Tag, je nachdem, wie viel Zeit Sie zur Verfügung haben.

	zukünftig	~ = in Zukunft
	theoretisch	~ ↔ praktisch
4	zusammen|fassen	Am Ende des Referats sollte man die wichtigsten Punkte ~.
	zusammenfassend	~ kann man sagen, dass wir unbedingt mehr Geld bekommen müssen.
5d	verschreiben (⚠ er / es / sie verschrieb, hat verschrieben)	Der Arzt hat mir neue Medikamente verschrieben.
	◆ die Wunde, -n	
	versorgen	Die Krankenschwester hat meine Wunden versorgt.
	◆ der Verband, ¨e	
	begleiten	Eltern ~ ihre Kinder zum Arzt, wenn sie krank sind.
	erkältet (sein) Ⓐ verkühlt (sein)	Ich bin stark ~ und habe einen Schnupfen.
	◆ das Rezept, -e	Herr Doktor, können Sie mir ein ~ verschreiben?

> ❗ Manche Wörter haben mehrere Bedeutungen. Denken Sie an unterschiedliche Bilder (z. B. von einem Koch- *und* einem Arztrezept) und sagen Sie das Wort, das zu beiden Bildern passt: *das Rezept*.

	◆ der Tropfen, -	
	◆ die (Arzt)Praxis, -xen Ⓐ ◆ die (Arzt)Ordination, -en	In der ~ muss ich immer sehr lange warten.
	◆ die Grippe (Sg.)	Gitte liegt mit ~ im Bett und muss sich ausruhen.
	impfen	~ → Impfung
5e	rennen (⚠ er / es / sie rannte, ist gerannt)	~ = laufen

LERNWORTSCHATZ

M Fokus Beruf: Vorstellungsgespräch (II)

1a	◆ die Anlaufstelle, -n		Die *Arche* ist eine ~ für Kinder und Jugendliche.
	vergleichbar (mit)		~ = ähnlich
	◆ die Position, -en		~ = Stelle
	◆ die Phase, -n		Sepp befindet sich in einer schwierigen Lebens~.
1b	hauptsächlich		~ = vor allem
	qualifizieren (für)		Was qualifiziert Sie für diese Stelle?
	kommunikations-stark		Feli redet gern und ist sehr ~.
	serviceorientiert		Unsere Mitarbeiter sind besonders ~.
	◆ das Talent, -e		~ = Begabung
3a	◆ der Einblick, -e		Praktikanten bekommen bei uns ~e in viele Bereiche.
	kaufmännisch		Jan macht gerade eine ~e Ausbildung.
	◆ der Quereinsteiger, -		Viele Firmen suchen immer wieder ~.
	◆ die Quereinsteigerin, -nen		
	◆ die Einarbeitung (Sg.)		Unsere neuen Mitarbeiter erhalten eine gründliche ~!
	Ⓐ ◆ die Einschulung (Sg.)		
	unvergesslich		Wir hatten eine ~e Zeit zusammen.
3b	umgekehrt		Es war genau ~: Sie hat einen Fehler gemacht, nicht er.

19 Mein Zeugnis wurde anerkannt.

1a	◆ der Metzger, -		Dana arbeitet als ~in in einer ~.
	◆ die Metzgerin, -nen		
	Ⓐ ◆ der Fleischhauer, -		
	◆ die Fleischhauerin, -nen		
	◆ die Metzgerei, -en		
	Ⓐ ◆ die Fleischhauerei, -en		
1b	◆ die Lehre, -n		Ich mache gerade eine ~.
2	renovieren		Wir müssen unser Wohnzimmer ~.
3	◆ die Behörde, -n		Der BND ist eine deutsche ~.
3a	◆ der Antrag, ⸚e		Für die Sozialwohnung müssen Sie einen Antrag stellen. Wenn Sie die Frist versäumen, wird der Antrag nicht genehmigt.
	genehmigen		
	◆ die Frist, -en		
	versäumen		

LERNWORTSCHATZ

	verlängern	Ich muss mein Visum ~ lassen.
	◆ der Bescheid, -e	Nach einem halben Jahr hat Mirko den Steuer~ endlich ~. Das war ziemlich lang!
	erhalten (⚠ du erhältst, er / es / sie erhält, erhielt, hat erhalten)	
4a	fliehen (⚠ er / es / sie floh, ist geflohen)	Pashtana und ihre Familie mussten aus Afghanistan ~.
	◆ das Asyl (Sg.)	Sie haben in Deutschland ~ beantragt.
	◆ die Arbeitserlaubnis, -se	Herr Alam muss auf seine ~ noch warten.
	offiziell	Die Nachricht ist jetzt ~.
	notwendig	~ ≈ wichtig
	◆ das Dokument, -e	Die ~e müssen noch ausgedruckt werden.
	◆ die Papiere (Pl.)	○ Guten Tag. Darf ich Ihre ~ sehen? ◘ Ja, sehr gern. Bitte, hier sind sie.

> ❗ Manche Wörter haben im Plural zusätzlich eine andere Bedeutung als im Singular, z. B. *das Papier* = Material, auf das man schreiben kann, *die Papiere* = die Unterlagen.

	beweisen (⚠ er / es / sie bewies, hat bewiesen)	Stimmt das wirklich? Können Sie das auch ~?
	zusätzlich	Die Aktion hat noch ~e Kosten verursacht.
	◆ das Stipendium, -dien	Ich habe für mein Studium ein ~ erhalten.
	ausländisch	Es arbeiten viele ~e Mitarbeiter in der Firma.
	entschließen (sich) (zu) (⚠ er / es / sie entschloss sich, hat sich entschlossen)	Ich habe mich entschlossen, Medizin zu studieren.

> ❗ Beim Konjugieren kann bei bestimmten Verbformen aus ß → ss werden, wenn sich die Länge des Vokals (*a, e, i, o, u*) davor ändert. Lernen Sie die Schreibweise der Verbformen mit.

	◆ die Berufsschule, -n	Ludwig besucht jetzt die ~.
	unterrichten	Frau Meier unterrichtet Sport und Englisch.
5b	◆ die Kopie, -n	Kannst du davon eine ~ machen?
	aus|stellen	Gestern wurde mein Visum für die USA ausgestellt.
6a	◆ die Theorie, -n	~ ↔ Praxis
	je (nach)	~ = abhängig (von)
	wöchentlich	~ = pro Woche

LERNWORTSCHATZ

jährlich — ~ = pro Jahr

> ❗ Die an ein Nomen angehängte Nachsilbe *-lich* drückt aus, dass etwas regelmäßig stattfindet, z. B. *jährlich, täglich*.
> ⚠ Bei Adjektiven, die so gebildet werden, ändern sich die Vokale häufig in Umlaute, z. B. *o → ö* oder *a → ä*.

monatlich — ~ = pro Monat
gratis — ~ = kostenlos
durchschnittlich — ~ = im Durchschnitt

6d vergleichen (mit) (⚠ er / es / sie verglich, hat verglichen) — Bevor wir etwas kaufen, müssen wir die Preise ~.

◆ der Gegensatz, ⸚e — Im ~ zu gestern scheint heute die Sonne.
staatlich — ~ ↔ privat

20 Man braucht nur kurz nachzudenken.

1a ◆ die Temperatur, -en — In den nächsten Tagen wird es richtig heiß. Die ~en werden stark ~.

zu|nehmen (⚠ du nimmst zu, nahmst zu, er / es / sie nimmt zu, nahm zu, hat zugenommen)

verschlechtern (sich) — Das Wetter hat sich verschlechtert.

2 ◆ der Ausdruck, ⸚e — Ordnen Sie die Ausdrücke zu.

2 Verben für Diskussionen

 analysieren

 an|nehmen (⚠ du nimmst an, nahmst an, er / es / sie nimmt an, nahm an, hat angenommen), vermuten

 behaupten

 diskutieren

 korrigieren

 warnen (vor)

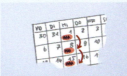 wiederholen

 zweifeln

> ❗ Schreiben Sie Sätze oder kurze Texte mit Lücken und ergänzen Sie die fehlenden Wörter. So üben Sie neue Wörter im Kontext.

LERNWORTSCHATZ

3a	◆ der Wissenschaft-ler, -		Albert Einstein war ein sehr bekannter ~.
	◆ die Wissenschaft-lerin, -nen		
3b	beeinflussen		Die Öffentlichkeit wurde durch falsche Informationen beeinflusst.
	◆ die Überzeugung, -en		Rita hat eine bestimmte politische ~.
	◆ die Meldung, -en		Die ~ über den Unfall verbreitete sich schnell.
	verwechseln		Nikita und Janek verwechseln oft *mich* und *mir*.
	◆ der Kampf, ⸚e		~ → kämpfen
	fördern		Schulen müssen den kritischen Umgang mit Medien ~.
3c	◆ die Wirklichkeit (Sg.)		Was ist in ~ eigentlich passiert?
	◆ die Presse (Sg.)		Die Freiheit der ~ ist in einer Demokratie sehr wichtig.
4a	◆ die Lüge, -n		~ ↔ Wahrheit
			~ → lügen
6	auf|wachen		Ich wache jeden Morgen um 6 Uhr auf, wenn mein Wecker klingelt.
	◆ der Termin-kalender, -		Bea ist sehr beschäftigt. Die hat einen vollen ~.
	schminken (sich)		
	rasieren (sich)		
8a	verschwinden (⚠ er / es / sie verschw**a**nd, ist verschw**u**nd**en**)		Die steigenden Temperaturen lassen das Eis am Nordpol ~.
	ebenfalls		~ = auch
	löschen		Der Speicher auf meinem Laptop ist voll. Ich muss viele Dokumente ~.
	◆ das Gebäude, -n		~ = Haus
8b	erscheinen (⚠ er / es / sie ersch**ie**n, ist ersch**ie**n**en**)		Auf den ersten Blick erscheint mir das möglich.
8c	◆ die Tatsache, -n		~ ist, dass der Klimawandel nicht gestoppt werden kann.

21 Schule neu denken

1	◆ der Stundenplan, ⸚e		Mein ~ hat sich in diesem Semester geändert.
1a	eindeutig		Mein Lieblingsfach ist ~ Englisch!

LERNWORTSCHATZ

1a Schulfächer

◆ (die) Geografie (Sg.) ◆ (die) Geschichte (Sg.) ◆ (die) Sozialkunde (Sg.)

⚠ *Sozialkunde* gibt es in Österreich nicht als eigenes Fach. Das Fach ist Bestandteil des Geschichtsunterrichts.

◆ (das) Latein (Sg.) ◆ (die) Physik (Sg.) ◆ (die) Chemie (Sg.)

◆ (die) Philosophie (Sg.) ◆ (die) Handarbeit (Sg.) ◆ (das) Werken (Sg.)

2 fordern — Ich fordere, dass alle Kinder in die Schule gehen dürfen.

mittlerweile — ~ = inzwischen

◆ die Erziehung (Sg.) — Die ~ von Kindern gehört zu den wichtigsten Aufgaben von Eltern.

3b dekorieren — Die Kinder möchten ihr Zimmer mit Blumen ~.

◆ der Aufsatz, ⸚e — Ich bin gut in Deutsch. Aufsätze schreibe ich besonders gern.

◆ das Diktat, -e — Hanna hatte im ~ null Fehler.

4a ◆ die Ausstattung, -en — Die ~ von staatlichen Schulen ist oft sehr schlecht.

◆ die Klassenfahrt, -en

(CH) ◆ die Schulreise, -n — Meine Kinder machen oft Schulausflüge und ~en.

⚠ Das Wort *Klassenfahrt* wird in Österreich nicht benutzt. Stattdessen wird genauer unterschieden, z. B. *Landschulwochen, Sportwochen, Skikurse, Sprachwoche, Wienwoche, …*

◆ der Jugendliche, -n
◆ die Jugendliche, -n — Viele ~ zocken oft stundenlang und tun nichts für die Schule.

gering — ~ = wenig

vermutlich — Jugendliche verbringen ~ viel Zeit im Internet.

LERNWORTSCHATZ

◆ der Verlierer, - ◆ die Verliererin, -nen		~ ↔ Gewinner
einerseits … andererseits		~ finde ich Schule sehr wichtig, ~ müssen Kinder auch Freizeit haben!
◆ die Konkurrenz (Sg.)		Die ~ schläft nicht.
◆ die Zerstörung (Sg.)		Der Klimawandel führt zur ~ der Erde.
traditionell		Wir sind eine ~e Familie.
◆ die Kontrolle, -n		Damit Kinder gut lernen, ist eine ~ sehr wichtig.

5a konservativ — ~ = traditionell

6a
- ◆ die Krippe, -n
- ◆ die Kita, -s
- ◆ die Kindertagesstätte, -n
- ◆ die Hauptschule, -n
- ◆ die Mittelschule, -n
- ◆ die Realschule, -n
- ◆ die Gesamtschule, -n
- ◆ das Gymnasium, -ien
- ◆ die Fachhochschule, -n

> ⚠ Die Schulsysteme in Österreich und der Schweiz unterscheiden sich vom bundesdeutschen System. Lernen Sie Wörter, die ein bestimmtes Schulsystem beschreiben, nicht einzeln: Sehen Sie ein Schaubild dazu an und sprechen Sie über das Schulsystem. Decken Sie dann die Wörter ab und berichten Sie noch einmal.

M Fokus Beruf: Vorstellungsgespräch (III)

2a
◆ die Schwäche, -n		Was sind Ihre Stärken und ~n?
◆ die Strategie, -n		Für unser Produkt brauchen wir eine gute Werbe~.
◆ die Priorität, -en		Wir müssen endlich ~en setzen.
erholen (sich)		Ich fahre in Urlaub, um mich zu ~.
meditieren		Ich meditiere jeden Morgen.
◆ die Eigenschaft, -en		Welche positiven ~en hat Sina?
klären		Wir müssen dieses Missverständnis unbedingt ~!
langfristig		~ = für eine lange Zeit
◆ die Einarbeitung (Sg.)		○ Wie läuft eigentlich die ~ in deiner Firma ab?
ab|laufen (⚠ er / es / sie läuft ab, lief ab, ist abgelaufen)		▫ Zuerst zeigt ein erfahrener Kollege, wie alles funktioniert, dann arbeitet man alleine, kann aber immer Fragen stellen.
geregelt (sein)		Wie sind die Arbeitszeiten bei euch ~?

LERNWORTSCHATZ

3	lösungsorientiert		Jana ist sehr ~.
	◆ die Führungs-position, -en		Ich möchte mal in einer ~ arbeiten.

> ❗ Lernen Sie zusammengesetzte Wörter als Ganzes. Achten Sie auf die Buchstaben *n* und *s*, die die zwei Wörter oft miteinander verbinden, z. B. *Führungsposition* oder *Klassenfahrt*.

| | ◆ die Gleitzeit (Sg.) | | Bei der Firma *Tschika* arbeiten alle Angestellten in ~. |

22 Ein politisches Leben

1	◆ der Aktivist, -en ◆ die Aktivistin, -nen		Die ~en kämpfen für den Klimaschutz.
1a	passiv		~ ↔ aktiv
	◆ die Aufforderung, -en		
2a	◆ der Bundeskanzler, - ◆ die Bundeskanzlerin, -nen		
	◆ das Bundesland, ¨er		In Deutschland gibt es 16 Bundesländer, z. B. Bayern, Saarland und Mecklenburg-Vorpommern.

2a/b Das politische System

◆ der Bundestag (Sg.)
◆ das Parlament, -e
Ⓐ / ⒸⒽ ◆ der Nationalrat (Sg.)

◆ der Abgeordnete, -n
◆ die Abgeordnete, -n
ⒸⒽ ◆ der Parlamentarier, -
◆ die Parlamentarierin, -nen

◆ der Minister, -
◆ die Ministerin, -nen
ⒸⒽ ◆ der Bundesrat, ¨e
◆ die Bundesrätin, -nen

◆ die Wahl, -en

◆ die Regierung, -en

die politischen Parteien Deutschlands
◆ die Partei, -en

LERNWORTSCHATZ

- der Bundespräsident, -en
- die Bundespräsidentin, -nen

- das Gericht, -e

- der Richter, -
- die Richterin, -nen

> Schreiben Sie Wörter, die zu einem Wortfeld, z. B. *Politik*, passen, in eine Liste und ergänzen Sie nach und nach neue passende Wörter. So können Sie Ihren Wortschatz zu einem Thema immer weiter vergrößern.

3a
- das Blatt, ⸚er

> ⚠ Viele Wörter haben mehrere Bedeutungen. Schreiben Sie Rätsel, um beide Bedeutungen zu üben, z. B. *Mein Wort ist grün und hängt am Baum. Oder es ist weiß und man kann darauf schreiben.* (Lösung: *das Blatt*)

3b
chronologisch — Ordnet die Daten ~.
- der Beamte, -n
- die Beamtin, -nen — In Deutschland sind viele Lehrer ~.
- der Tod (Sg.) — ~ ↔ Leben

3c
- der Soldat, -en
- die Soldatin, -nen — Im Krieg kämpften viele ~en.

- der Wahlkampf, ⸚e — Der ~ beeinflusst die Bürgerinnen und Bürger.

vertreten — Die Grünen ~ die Meinung, dass Umweltschutz sehr wichtig ist.

global — Die Organisation engagiert sich ~ für Menschenrechte.

- der Kompromiss, -e — Die Parteien müssen endlich einen ~ finden.
- der Sitz, -e — Die Politikerin gewann einen ~ im Bundestag.

erschießen (⚠ er / es / sie ersch**oss**, hat ersch**ossen**) — Der Polizist wurde von einem Mann erschossen.

5a
bekannt geben — Gestern wurde bekannt gegeben, dass …

ein|setzen (sich) (für) — Maya setzt sich für den Tierschutz ein.

breit — Die Projekte sind der ~en Öffentlichkeit bekannt.

> Manche Wörter haben eine konkrete und eine übertragene Bedeutung, z. B. *ein breiter Fluss* und *die breite Öffentlichkeit*. Achten Sie auf die inhaltlichen Unterschiede und vergleichen Sie mit anderen Sprachen.

- die Wirkung, -en — Die Musik hatte eine positive ~ auf sie.

LERNWORTSCHATZ

5b	aus|wählen		Im Theater darf man den Sitzplatz ~.
5c	arm		~ ↔ reich
	leisten (sich)		Die Tasche ist zu teuer. Ich kann sie mir nicht ~.
	◆ die Hoffnung (Sg.)		Ich habe die ~, dass alles wieder gut wird. ~ → hoffen

> ❗ Die Bedeutung von Nomen mit der Endung *-ung* können Sie meistens von der Bedeutung des Verbs ableiten.

	◆ der Einfluss, ⸚e		Parteien haben oft einen ~ auf die politische Meinung der Bevölkerung.

23 Was wäre passiert, wenn …?

1a	◆ die Art, -en		An der Nordsee gibt es viele Vogel~en.
	◆ der Turm, ⸚e		
	◆ die BRD (Sg.)		Das politische System in der ~ war anders als das politische System in der ~.
	◆ die DDR (Sg.)		
1b	◆ der Ausblick, -e (CH) ◆ die Aussicht, -en		Wir sind auf den Berg gestiegen. Von oben hatten wir einen wunderbaren ~.
2	West-		In ~deutschland gab es in den 1960er-Jahren ein Wirtschaftswunder.
	◆ die Anlage, -n		Grenz~n trennten früher die zwei deutschen Staaten.
	gesamt-		Nach November 1932 fand am 2.12.1990 erstmals wieder eine ~deutsche Parlamentswahl statt.
	dienen (als)		Die Reste der Berliner Mauer ~ heute als Denkmal.

> ❗ Lernen Sie mögliche Präpositionen von Verben mit.

2 **Deutsche Geschichte**

◆ das Denkmal, ⸚er

◆ die Bevölkerung, -en

◆ der Protest, -e

◆ die Verfassung, -en

◆ die Revolution, -en

LERNWORTSCHATZ

4a ◆ der Naturschutz (Sg.) — Sandra setzt sich für den ~ ein.

inner- — Seit fast 40 Jahren gibt es keine ~deutsche Grenze mehr.

◆ die Breite (Sg.) — ~ → breit
◆ die Länge (Sg.) — ~ → lang

quer — Wir machen eine Wandung ~ durch die Schweiz.

betreten (⚠ du betrittst, er / es / sie betritt, betrat, hat betreten) — Baustelle ~ verboten!

ehemalig — Ich treffe mich heute mit ~en Schulfreundinnen.

blühen — Im Stadtpark ~ viele schöne Blumen.

4b ab|nehmen (⚠ du nimmst ab, er / es / sie nimmt ab, nahm ab, hat abgenommen) — ~ = weniger werden

zerstören — ~ = kaputt machen
~ → Zerstörung

4c teilweise — ~ ↔ ganz

national — ~ ↔ international

◆ das Monument, -e — Für die Soldaten wurde ein ~ gebaut.
~ = Denkmal

◆ der Streifen, - — Am Grenz~ stehen oft Soldaten.

⚠ Notieren Sie unterschiedliche Bedeutungen von einem neuen Wort, z. B. *der Streifen* (= Muster) und *der Streifen* (= politische Bedeutung). So wird Ihr Wortschatz immer abwechslungsreicher und größer.

◆ die Industrie, -n — Die Chemie~ verdient viel Geld.

5a Ur- — Ich habe zwei Großeltern und noch eine ~oma.

erholen (sich) — ~ = sich ausruhen

schützen — Im Internet muss man sich vor Viren ~.

5b ◆ die Bedingung, -en — Ich helfe dir unter der ~, dass du mir auch hilfst.

◆ die Konsequenz, -en — Ich habe einen großen Fehler gemacht. Ich muss mit den ~en leben.

5c ◆ der Zufall, ¨e — Ich habe durch ~ erfahren, dass Doro geheiratet hat.

◆ das Jahrhundert, -e — Wir leben im 21. ~.

LERNWORTSCHATZ

◆ der Bescheid, -e (geben)
rechtzeitig
◆ der Einbrecher, -
◆ die Einbrecherin, -nen
verhaften
streiken
tanken

◆ der Strafzettel, -
CH ◆ die Busse, -n
los|fahren (⚠ du fährst los, er / es / sie fährt los, fuhr los, ist losgefahren)

◆ der Wetterbericht, -e
◆ der Sturm, ¨e

6a Abgemacht!
Ⓐ Passt!

6b ◆ die Verbindung, -en
ein|packen

◆ die Verpflegung (Sg.)
◆ der Campingplatz, ¨e
preiswert

◆ die Pension, -en
besorgen

6c ◆ die Küste, -n
tief
dicht

abwechslungsreich
◆ die Gegend, -en
traumhaft
◆ das Paradies (Sg.)
zahlreich
campen
◆ die Fähre, -n

Ich gebe dir ~, sobald das Essen fertig ist, okay?
Hast du den Bescheid ~ erhalten?

Die Polizei hat den Einbrecher verhaftet.
Morgen ~ wieder die Busfahrer!
Mein Benzintank ist fast leer. Ich muss dringend ~!
Letzte Woche hat Evi für Falschparken einen ~ erhalten.
Wir sind spät dran. Fahr endlich los!

Laut ~ wird morgen die Sonne scheinen.
~ = starker Wind
~ = Einverstanden!

In meiner Gegend ist die Bus~ wirklich gut.
Ich muss noch die Geschenke für meine Schwester ~.
Habt ihr an die ~ fürs Picknick gedacht?
Wir übernachten nicht im Hotel, sondern auf dem ~.
~ = billig
~ ↔ teuer
An der Küste gibt es viele nette ~en.
Für Tinas Geburtstag müssen wir noch ein Geschenk ~.

~ ↔ hoch
Rotkäppchen fand den Wolf im ~en Wald.
Im Urlaub gab es ~e Aktivitäten für alle.
Die ~ war wunderschön!
Die Küste ist wirklich ~ schön!
Mein Garten ist mein kleines ~.
~ = viel

LERNWORTSCHATZ

24 Wahnsinn, wie die Zeit vergeht!

1 vergehen (⚠ er / es / sie verging, ist vergangen)
Manchmal ~ die Wochen so schnell wie Tage.

sensibel
~ = empfindlich

> ⚠ Einige Wörter ähneln Wörtern in einer anderen Sprache, z. B. Englisch, haben aber eine andere Bedeutung. Achten Sie besonders auf diese sogenannten *falschen Freunde*, z. B. D: *sensibel* = GB: *sensitive*, GB: *sensible* = D: *vernünftig*.

egoistisch
Helga denkt nur an sich. Sie ist sehr ~.

2a einzeln
Meine Oma hat in ihren ~en Lebensphasen viel erlebt.

stehen bleiben (⚠ er / es / sie blieb stehen, ist stehen geblieben)
Ich habe oft das Gefühl, dass die Zeit einfach stehen bleibt.

2b ereignen (sich)
Gestern hat sich auf der Autobahn ein Unfall ereignet.
~ = passieren

3b realistisch
Jochen ist ein sehr ~er Mensch.

jemals
Hast du ~ im Lotto gewonnen?

> Stellen Sie viele Fragen mit *jemals* und sprechen Sie diese immer wieder laut, um das Wort automatisch in einem Satz benutzen zu können.

◆ die Unterschrift, -en
Ohne ~ ist der Vertrag nicht gültig.

3c voraus|sagen
Kann man das Wetter wirklich ~?

◆ die Erfindung, -en
~ → erfinden

befriedigend
Das Ergebnis war ~.

schätzen
Ich schätze, es ist Zeit zu gehen.

vor|nehmen (sich) (⚠ du nimmst dir vor, nahmst dir vor, er / es / sie nimmt sich vor, nahm sich vor, hat sich vorgenommen)
Ich habe mir vorgenommen, regelmäßig Sport zu machen.

4a erschöpft (sein)
~ = sehr müde

vergnügt
Die Kinder spielten ~ auf dem Spielplatz.

einhundertachtundzwanzig
128

LERNWORTSCHATZ

4a **Nomen und Verben rund um das Thema „Zeit"**

(es) eilig (haben)

hetzen (sich) = sich beeilen

verspäten (sich) = zu spät kommen

erholen (sich)
→ Erholung

amüsieren (sich)

◆ die Ablenkung (Sg.)
→ ablenken (sich)

◆ der Druck (Sg.)

◆ die Langeweile (Sg.)
→ langweilen (sich)

◆ die Gelassenheit (Sg.)
→ gelassen (sein)

4b ◆ der Werktag, -e — Montag, Mittwoch und Freitag sind ~e.

5a ◆ das Sprichwort, ¨er — „Übung macht den Meister" ist ein bekanntes ~. Es bedeutet, dass man immer besser wird, wenn man viel übt.

5b ◆ die Gerechtigkeit (Sg.) — ~ → gerecht

◆ der Schriftsteller, -
◆ die Schriftstellerin, -nen — Thomas Mann war ein berühmter ~.

◆ die Sekunde, -n — Eine Minute besteht aus 60 ~n.

> ❗ Begriffe rund um die Uhrzeit lernen Sie, indem Sie erklären, wie die Uhrzeit funktioniert, z. B. *Eine Stunde hat 60 Minuten und eine Minute 60 Sekunden. 15 Minuten sind eine Viertelstunde und …*

◆ die Viertelstunde (Sg.) — ~ = 15 Minuten

◆ die Verschwendung (Sg.) — ~ → verschwenden

6a stehlen (⚠ du stiehlts, stahlst, er / es / sie stiehlt, stahl, hat gestohlen) — Ein Mann hat mein Fahrrad gestohlen.

LERNWORTSCHATZ

7
- ◆ der Gutschein, -e — Ich habe einen ~ fürs Kino bekommen.
- ◆ die Aprikose, -n
- Ⓐ ◆ die Marille, -n

- ◆ der Quatsch (Sg.) (machen) — Hör auf, so viel ~ zu machen!
- Ⓐ ◆ der Blödsinn (Sg.) (machen)

- anzünden — Wir müssen die Kerzen auf Vivis Geburtstagskuchen noch ~.

- ◆ das Bonbon, -s
- Ⓐ ◆ das Zuckerl, -

Ⓜ Fokus Beruf: Auf Zu- und Absagen reagieren

2a
- mitteilen — Wir müssen Ihnen leider ~, dass wir Ihnen keine Stelle anbieten können.
- diesmal — Wir haben uns ~ für einen anderen Bewerber entschieden.
- ausführlich — Danke, dass Sie sich für ein ~es Gespräch Zeit genommen haben.

2b
- ◆ die Bedenkzeit (Sg.) — Der Bewerber bat um einige Tage ~.
- koordinieren — Ich weiß nicht, ob ich beide Projekte zeitlich ~ kann.
- bedauern — Wir ~, Ihnen mitteilen zu müssen, dass wir Ihnen keine Stelle anbieten können.
- erläutern — Könnten Sie mir die Gründe für Ihre Absage bitte ~?
- berücksichtigen — Fionas Bewerbung wurde leider nicht berücksichtigt.

UNREGELMÄSSIGE VERBEN

* Variante in Süddeutschland, Österreich Ⓐ und der Schweiz ⒞ₕ

Infinitiv	Präsens	Perfekt
	er / es / sie	*er / es / sie*
ab|biegen	biegt ab	ist abgebogen
ab|fahren	fährt ab	ist abgefahren
ab|geben	gibt ab	hat abgegeben
ab|heben	hebt ab	hat abgehoben
ab|hängen (von)	hängt ab (von)	hat abgehangen (von)
ab|laden	lädt ab	hat abgeladen
ab|laufen	läuft ab	ist abgelaufen
ab|nehmen	nimmt ab	hat abgenommen
ab|schließen	schließt ab	hat abgeschlossen
ab|schneiden	schneidet ab	hat abgeschnitten
ab|waschen	wäscht ab	hat abgewaschen
an|bieten	bietet an	hat angeboten
an|fangen	fängt an	hat angefangen
an|haben	hat an	hat angehabt
an|rufen	ruft an	hat angerufen
an|sehen Ⓐ ⒞ₕ an|schauen	sieht an schaut an	hat angesehen hat angeschaut
an|sprechen	spricht an	hat angesprochen
antworten	antwortet	hat geantwortet
an|ziehen	zieht an	hat angezogen
auf|bleiben	bleibt auf	ist aufgeblieben
auf|fressen	frisst auf	hat aufgefressen
auf|geben	gibt auf	hat aufgegeben
auf|gehen	geht auf	ist aufgegangen
auf|laden	lädt auf	hat aufgeladen
auf|nehmen	nimmt auf	hat aufgenommen
auf|stehen	steht auf	ist aufgestanden
auf|wachsen	wächst auf	ist aufgewachsen
aus|gehen	geht aus	ist ausgegangen
aus|leihen	leiht aus	hat ausgeliehen
aus|schalten	schaltet aus	hat ausgeschaltet
aus|sehen Ⓐ aus|schauen	sieht aus schaut aus	hat ausgesehen hat ausgeschaut
aus|steigen	steigt aus	ist ausgestiegen
aus|ziehen	zieht aus	ist ausgezogen
beachten	beachtet	hat beachtet

UNREGELMÄSSIGE VERBEN

beantworten	beantwortet	hat beantwortet
bedeuten	bedeutet	hat bedeutet
befinden (sich)	befindet (sich)	hat (sich) befunden
beginnen	beginnt	hat begonnen
behalten	behält	hat behalten
bekommen	bekommt	hat bekommen
beobachten	beobachtet	hat beobachtet
beraten	berät	hat beraten
beschreiben	beschreibt	hat beschrieben
besprechen	bespricht	hat besprochen
bestehen	besteht	hat bestanden
betreten	betritt	hat betreten
beweisen	beweist	hat bewiesen
bewerben (sich)	bewirbt (sich)	hat beworben (sich)
bieten	bietet	hat geboten
bitten	bittet	hat gebeten
(stehen) bleiben	bleibt (stehen)	ist (stehen) geblieben
bringen	bringt	hat gebracht
denken	denkt	hat gedacht
dürfen	darf	hat gedurft
ein|bringen (sich)	bringt (sich) ein	hat eingebracht (sich)
ein|fahren	fährt ein	ist eingefahren
ein|fallen	fällt ein	ist eingefallen
ein|gehen	geht ein	ist eingegangen
ein|laden	lädt ein	hat eingeladen
ein|richten	richtet ein	hat eingerichtet
ein|schlafen	schläft ein	ist eingeschlafen
ein|steigen	steigt ein	ist eingestiegen
ein|tragen	trägt ein	hat eingetragen
empfehlen	empfiehlt	hat empfohlen
enden	endet	hat geendet
entscheiden	entscheidet	hat entschieden
entschließen (sich) (zu)	entschießt (sich) (zu)	hat entschlossen (sich) (zu)
entstehen	entsteht	ist entstanden
erfahren	erfährt	hat erfahren
erfinden	erfindet	hat erfunden
erhalten	erhält	hat erhalten
erscheinen	erscheint	ist erschienen
erschießen	erschoss	erschossen
essen	isst	hat gegessen

UNREGELMÄSSIGE VERBEN

fahren	fährt	ist gefahren
fangen	fängt	hat gefangen
fern|sehen	sieht fern	hat ferngesehen
finden	findet	hat gefunden
fliegen	fliegt	ist geflogen
fliehen	flieht	ist geflohen
fürchten	fürchtet	hat gefürchtet
geben	gibt	hat gegeben
gefallen	gefällt	hat gefallen
gehen	geht	ist gegangen
gelten	gilt	hat gegolten
genießen	genießt	hat genossen
gewinnen	gewinnt	hat gewonnen
gründen	gründet	hat gegründet
haben	hat	hat gehabt
hängen	hängt	hat gehängt
hängen	hängt	hat gehangen
halten	hält	hat gehalten
heben	hebt	hat gehoben
heiraten	heiratet	hat geheiratet
heißen	heißt	hat geheißen
helfen	hilft	hat geholfen
her|kommen	kommt her	ist hergekommen
hin|weisen (auf)	weist hin (auf)	hat hingewiesen (auf)
hoch|laden	lädt hoch	hat hochgeladen
kennen	kennt	hat gekannt
klingen	klingt	hat geklungen
können	kann	hat gekonnt
kosten	kostet	hat gekostet
landen	landet	ist gelandet
laufen	läuft	ist gelaufen
leiden (an, unter)	litt (an, unter)	hat gelitten (an, unter)
leihen	leiht	hat geliehen
lesen	liest	hat gelesen
liegen	liegt	hat gelegen Ⓐ ⒸⒽ ist gelegen
los|gehen	geht los	ist losgegangen
lügen	lügt	hat gelogen
mieten	mietet	hat gemietet
missverstehen	missversteht	hat missverstanden

UNREGELMÄSSIGE VERBEN

mit|arbeiten	arbeitet mit	hat mitgearbeitet
mit|bringen	bringt mit	hat mitgebracht
mit|nehmen	nimmt mit	hat mitgenommen
möchten	möchte	hat gemocht
mögen	mag	hat gemocht
müssen	muss	hat gemusst
nach|denken	denkt nach	hat nachgedacht
nach|sehen Ⓐ ⒞ⓗ nach|schauen	sieht nach schaut nach	hat nachgesehen hat nachgeschaut
nehmen	nimmt	hat genommen
nennen	nennt	hat genannt
raten	rät	hat geraten
reden	redet	hat geredet
rennen	rennt	ist gerannt
riechen	riecht	hat gerochen
rufen	ruft	hat gerufen
scheinen	scheint	hat geschienen
schieben* ⒞ⓗ stossen	schiebt stösst	hat geschoben hat gestossen
schlafen	schläft	hat geschlafen
schließen	schließt	hat geschlossen
schneiden	schneidet	hat geschnitten
schreiben	schreibt	hat geschrieben
schwimmen	schwimmt	ist geschwommen
sehen	sieht	hat gesehen
sein	ist	ist gewesen
sitzen	sitzt	hat gesessen Ⓐ ⒞ⓗ ist gesessen
sollen	soll	hat gesollt
sprechen	spricht	hat gesprochen
springen	springt	ist gesprungen
starten	startet	ist gestartet
statt|finden	findet statt	hat stattgefunden
stechen	sticht	hat gestochen
stehen	steht	hat gestanden Ⓐ ⒞ⓗ ist gestanden
stehlen	stiehlt	hat gestohlen
steigen	steigt	ist gestiegen
sterben	stirbt	ist gestorben
stoßen	stößt	ist gestoßen
streiten (sich)	streitet (sich)	hat gestritten (sich)

UNREGELMÄSSIGE VERBEN

teil|nehmen	nimmt teil	hat teilgenommen
tragen	trägt	hat getragen
treffen	trifft	hat getroffen
trinken	trinkt	hat getrunken
übernehmen	übernimmt	hat übernommen
überreden	überredet	hat überredet
übertragen	überträgt	hat übertragen
überweisen	überweist	hat überwiesen
um|gehen	geht um	ist umgegangen
um|steigen	steigt um	ist umgestiegen
um|ziehen	zieht um	ist umgezogen
unterbrechen	unterbricht	hat unterbrochen
unterhalten (sich)	unterhält (sich)	hat unterhalten (sich)
unternehmen	unternimmt	hat unternommen
unterscheiden	unterscheidet	hat unterschieden
unterschreiben	unterschreibt	hat unterschrieben
verbinden	verbindet	hat verbunden
verbringen	verbringt	hat verbracht
vergehen	vergeht	ist vergangen
vergessen	vergisst	hat vergessen
verlassen	verlässt	hat verlassen
verlieren	verliert	hat verloren
vermeiden	vermeidet	hat vermieden
verschieben	verschiebt	hat verschoben
verschreiben	verschreibt	hat verschrieben
verschwinden	verschwindet	ist verschwunden
versprechen	verspricht	hat versprochen
verstehen	versteht	hat verstanden
vor|bereiten	bereitet vor	hat vorbereitet
vor|nehmen (sich)	nimmt (sich) vor	hat vorgenommen (sich)
vor|schlagen	schlägt vor	hat vorgeschlagen
wahr|nehmen	nimmt wahr	hat wahrgenommen
warten	wartet	hat gewartet
waschen	wäscht	hat gewaschen
weg|gehen	geht weg	ist weggegangen
weg|werfen	wirft weg	hat weggeworfen
wehtun	tut weh	hat wehgetan
weiter|fahren	fährt weiter	ist weitergefahren
werden	wird	ist geworden
werfen	wirft	hat geworfen

UNREGELMÄSSIGE VERBEN

wieder|sehen	sieht wieder	hat wiedergesehen
wiegen	wiegt	hat gewogen
wissen	weiß	hat gewusst
wollen	will	hat gewollt
zeichnen	zeichnet	hat gezeichnet
ziehen	zieht	ist gezogen
zu|nehmen	nimmt zu	hat zugenommen
zurück|fahren	fährt zurück	ist zurückgefahren
zurück|rufen	ruft zurück	hat zurückgerufen
zurück|treten	tritt zurück	ist zurückgetreten
zurück|ziehen	zieht zurück	hat zurückgezogen

Lösungsschlüssel Tests

MODUL 5

1 Lösungsbeispiel: In „Der Pate" geht es um eine Mafia-Familie in den USA. Der Film spielt in den 1940er und 1950er Jahren. Der Film ist fantastisch, weil er eine spannende Geschichte erzählt und tolle Dialoge hat.

2 2 Arbeitsklima 3 Hausmeister 4 engagiert 5 ehrlich 6 sechs 7 null

3 Lösungsbeispiel: Hallo, ich bin Kostja. In meiner Freizeit beschäftige ich mich gern mit Computerspielen. Es macht mir große Freude, in Strategiespielen unterschiedliche Rollen zu spielen. Besonders bemerkenswert finde ich, dass man im Spiel alles erreichen kann, was im wirklichen Leben so schwer ist. Es fällt mir selbstverständlich leicht, mit anderen Spielern zu kommunizieren und zusammenzuarbeiten. Außerdem bin ich spontan und kann schnell auf Veränderungen im Spiel reagieren. Ich bin für neue Spiele offen und freue mich auf neue Abenteuer.

4 richtig: d, e, f falsch: b, c, g

MODUL 6

1 Lösungsbeispiel: Im Artikel geht es um die Arztpraxen der Zukunft und welche Folgen Digitalisierung für Arztpraxen haben könnte. Besonders interessant war für mich, wie Technologie zukünftig den Praxisalltag verändern soll. Ich wusste schon, dass man medizinische Probleme in der Videosprechstunde mit einem Arzt besprechen kann. Neu war für mich aber, dass es künftig möglich sein soll, in der „virtuellen Praxis", also aus einer weiten Entfernung, Verletzungen zu versorgen. Als Nachteil dieser Entwicklung sehe ich, dass der fehlende persönliche Kontakt zum Arzt Behandlungen weniger erfolgreich machen könnte, weil man aus der Entfernung vielleicht Hinweise auf Krankheiten nicht so gut erkennen kann oder Patienten Angst davor haben könnten, unter Anleitung des Arztes sich selbst zu versorgen. Zusammenfassend kann man sagen, dass moderne Technik und Digitalisierung Arztpraxen zukünftig sowohl für Ärzte als auch für Patienten viel besser machen werden.

2b Lösungsbeispiel: Ich mag Kunst – ich besuche ziemlich oft Galerien, weil ich die Atmosphäre dort mag. Generell kann ich sagen, dass ich für alles offen bin, also wirklich verschiedene Arten von Kunst mag. Ich selbst mache aber keine Kunst, weil ich ziemlich unbegabt bin und zwei linke Hände habe. Ich finde aber viele Kunstwerke wunderschön und könnte sie stundenlang anschauen. Es gibt einige wenige Kunstwerke, die mich sogar richtig zum Nachdenken bringen und mich tage- oder wochenlang beschäftigen. Moderne Kunst gehört aber nicht dazu, diese verstehe ich einfach nicht.

3 richtig: b, d, f

4 richtig: b, e, f falsch: c, d, g

MODUL 7

1a Lösungsbeispiel: 2 Sehr oft ist es so, dass ich mir zuerst das Gesicht wasche und dann die Zähne putze. 3 Außerdem rasiere ich mich und dusche dann noch. 4 Natürlich esse ich zum Frühstück schnell Müsli und etwas Obst. 5 Bei uns ist es üblich, zum Frühstück frisch gepressten Orangensaft zu trinken. 6 In der Regel nehme ich den Bus in die Arbeit, manchmal aber auch das Auto.

2 richtig: e, g falsch: b, c, d, f

3 2 Ausbildung 3 Folien 4 Inhalte 5 praktisch 6 spielerische 7 Infomaterialien

4 Lösungsbeispiel: Meiner Meinung nach haben digitale Wahlen mehr Nachteile als Vorteile. Es ist tatsächlich so, dass Sicherheitsangriffe von Hackern und andere Manipulationen zu falschen Ergebnissen führen können. Im Vergleich zu Papierwahlen können Wählerstimmen außerdem nicht per Hand nachgezählt und kontrolliert werden, was zur Folge hat, dass man am Ende nicht weiß, wie tatsächlich gewählt wurde.

MODUL 8

1 richtig: c, e, g falsch: b, d, f

3 2a, 3b, 4a, 5b, 6c, 7c

4 Lösungsbeispiel: 1 Ich schätze, dass ich mehr Freizeit haben will. 2 Ich nehme mir fest vor, etwas Neues auszuprobieren, z. B. ein neues Hobby wie Inlineskaten. 3 Ich würde am liebsten die nähere Umgebung entdecken und viel Zeit in der Natur verbringen. 4 Es wäre schön, wenn ich alte Freundschaften pflegen und auch neue Kontakte knüpfen könnte. 5 Dass ich eine Diät machen werde, halte ich für sehr unwahrscheinlich, aber ich hätte große Lust, neue Restaurants zu testen. 6 Ja, ab nächster Woche will ich jeden Tag joggen gehen und mehr auf meine Gesundheit achten.

Quellenverzeichnis

Cover © Cavan Images - stock.adobe.com
U2 © www.landkarten-erstellung.de HF/AB

S. 6: Baby © Getty Images/iStock/Daisy-Daisy; Frau © Thinkstock/iStock/m-imagephotography; Segelboote © geoff childs. - stock.adobe.com
S. 8: 1 © PantherMedia/Reinhard Bruckner; 2 © Thinkstock/iStock/Valerie Crafter; 3 © Getty Images/iStock/Animaflora; 4 © iStock/Lepro; 5 © MEV; 6 © Getty Images/iStock/SigridKlop; 7 © Thinkstock/iStockphoto; 8 © Getty Images/iStock/Lubo Ivanko; 9 © Getty Images/iStock/jimfeng; 10 © fotolia/Eric Gevaert
S. 9: Wolf © PantherMedia/Peter Wey
S. 11: FLaggen – Thailand © Getty Images/iStock/iskuzhina Milana; Dänemark und Frankreich © Getty Images/iStock/Alexey Morozov; Afghanistan © Getty Images/DigitalVision Vectors/pop_jop
S. 12: Gruppe © Thinkstock/iStock/Povozniuk
S. 14: Lala © Thinkstock/Purestock; Sunny © Getty Images/iStock/Deagreez
S. 15: Tami © Thinkstock/iStock/digitalskillet
S. 18: Ratte © Getty Images/iStock/Kseniia Glazkova; Ziegen © Getty Images/E+/aydinmutlu; Eulen © Getty Images/iStock/MriyaWildlife; Füchse © Getty Images/iStock/Alphotographic; Taube © Getty Images/iStock/NATALIA ANDREEVA; Hirsch © Getty Images/iStock/agustavop
S. 20: Mann © Getty Images/iStock/fizkes
S. 21: Malerin © Thinkstock/Stockbyte/Ned Frisk Photography; Delfin © Thinkstock/iStockphoto
S. 22: Frau © Getty Images/E+/AzmanJaka
S. 28: Frau © Getty Images/iStock/Stockbyte/Brand X Pictures
S. 31: Fahrradladen © Getty Images/E+/golero
S. 35: Ü9a A © Getty Images/iStock/PeterLeonard; B © Getty Images/iStock/LordRunar; C © Getty Images/DigitalVision Vectors/jc_design
S. 36: Hand © Getty Images/iStock/Visual Generation
S. 37: Gruppe © Getty Images/iStock/RossHelen
S. 38: Mann © Getty Images/iStock/DMEPhotography
S. 39: Mann © Studio Romantic - stock.adobe.com; 1 © Thinkstock/iStock/Dandamanwasch; 2 © Getty Images/iStock/ÄrztinLacheev; 3 © Getty Images/iStock/AntonioGuillem; 4 © Thinkstock/Stockbyte/George Doyle; 5 © Getty Images/iStock/Szepy; 6 © Getty Images/iStock/LightFieldStudios; 7 © Thinkstock/iStock/Hongqi Zhang; 8 © Thinkstock/iStock/vladans
S. 40: Frucht © Getty Images/iStock/valery121283; Zapfhahn © Getty Images/iStock/~UserGI15994093; Flöte © iStock/Whirler; Geldschein © fotolia/jogyx; Gebäck © Thinkstock/iStock/VadimZakirov; Wunde © Thinkstock/iStock/PeterTG; Gemälde © Getty Images/iStock/Cranach; Sternennacht © Alamy Stock Foto/IanDagnall Computing – Van Gogh (1853–1890) Öl auf Canvas, 1889

S. 41: Gebäude © Getty Images/iStock Editorial/U. J. Alexander – Außenaufnahme der Berliner Charité (Berlin – Deutschland, 02.08.2021)
S. 42: Frau © Getty Images/iStock/metamorworks
S. 43: Holzschnitt, ca. 1880, digitale Reproduktion einer historischen Vorlage © picture-alliance/Bildagentur-online/Celeste - Adele Spitzeder, auch Adele Vio; 1832–1895, war eine deutsche Schauspielerin und wegen Betrugs verurteilte Spekulantin.
S. 44: Kalan © Getty Images/E+/damircudic
S. 50: Bäcker © Getty Images/iStock/Ikonoklast_Fotografie; Metzgerin © Getty Images/E+/FG Trade; Imker © Getty Images/iStock/RossHelen; Schreinerin © Getty Images/iStock/DragonImages
S. 54: Julia © Getty Images/iStock/EvgeniyShkolenko; Emre © Getty Images/E+/Sean Anthony Eddy
S. 55: Frau © Getty Images/iStock/PeopleImages
S. 56: Frau © Getty Images/iStock/ArthurHidden; Mann © Getty Images/iStock/photosvit
S. 59: Hände Schilder © Getty Images/iStock/Andrey Mitrofanov; Frau © Getty Images/E+/SDI Productions
S. 62: Frau © Getty Images/iStock/CreativaImages; Blumen © Getty Images/iStock/Maryviolet
S. 63: Paar © Getty Images/E+/Ivan Pantic; Frau © Getty Images/iStock/prostooleh
S. 64: Ü1a von oben nach unten: © Getty Images/iStock/LarsZahnerPhotography; © Getty Images/iStock/LarsZahnerPhotography; © Getty Images/iStock/LarsZahnerPhotography; © Getty Images/iStock/LarsZahnerPhotography
S. 65: Paar © Getty Images/E+/skynesher
S. 66: Alina © Getty Images/E+/sanjeri
S. 68: Schild © Getty Images/E+/FG Trade
S. 72: Reichstag Berlin © iStockphoto/querbeet; Deutscher Bundestag Berlin © PantherMedia/Markus C. Hurek
S. 73: Personen © zaschnaus - stock.adobe.com
S. 74: Personen Bus © Getty Images/iStock/Tinpixels
S. 75: Maria © Getty Images/E+/FluxFactory
S. 76: Bernauer Straße, Berlin © Getty Images/iStock/Nikada
S. 79: Strandkorb © fotolia/avarooa; SUP © Getty Images/iStock/Uldis Laganovskis; Schloss © fotolia/Ralf Gosch
S. 81: Ü4a 1 © Thinkstock/iStock/pdiamondp; 2 © Getty Images/iStock/ivan101; 3 © Getty Images/iStock/Nastco; 4 © Getty Images/iStock/Stadtratte; 5 © Getty Images/iStock/Uldis Laganovskis
S. 82: Frau © Getty Images/iStock/Paolo Cordoni
S. 83: Wunderkerze © Getty Images/iStock/Aleksandr Durnov; Bonbon © Getty Images/E+/posteriori
S. 84: Frau © Getty Images/iStock/Khosrork
S. 85: Ü8 Hintergrund © Getty Images/iStock/xbrchx
S. 88: Tuncay © Getty Images/iStock/Lord Baileys
S. 94: Blautopf © PantherMedia/Ralph Rösch; Briefmarke © laufer - stock.adobe.com

Quellenverzeichnis

S. 96: Roboter © Thinkstock/iStock/R_Type
S. 97: Personen © Thinkstock/iStock/demaerre
S. 98: Mann © Getty Images/iStock/Photodisc/John Rowley
S. 100: Kinder © Getty Images/iStock/Caiaimage/Robert Daly
S. 101: Frau © Getty Images/E+/Kemal Yildirim; Abbildung Monitor © Getty Images/iStock/grinvalds
S. 102: Mann © Getty Images/iStock/Ijubaphoto
S. 103: Demo © Getty Images/E+/Vesnaandjic; 1 © Getty Images/E+/DjelicS; 2 © Getty Images/iStock/JackF; 3 © Getty Images/E+/triloks; 4 © Getty Images/iStock/g-stockstudio
S. 104: Frau © Thinkstock/iStock/bowdenimages
S. 105: Aqua Gym © Thinkstock/iStock/Ridofranz; Kickboxen © Getty Images/iStock/PeopleImages; Delfin © Getty Images/E+/kali9
S. 106: Verbotschild © blende11.photo - stock.adobe.com; Zonkey © Andrew - stock.adobe.com; Nest © Getty Images/E+/malerapaso
S. 107: Taube © Videocorpus - stock.adobe.com; Ratte © George Dolgikh - stock.adobe.com; Spinne © PantherMedia/Zdenek Pistek; Eule © fotolia/Eric Gevaert; Tiger © MEV; Delfin © Getty Images/E+/kristian sekulic; Krake © PantherMedia/Reinhard Bruckner; Ziege © Getty Images/iStock/Fabian Plock; Hirsch © Thinkstock/iStock/dmodlin01; Fuchs © Getty Images/iStock/jimfeng; Ziege © Thinkstock/iStock/sergioboccardo
S. 114: Gebäck © Thinkstock/iStock/VadimZakirov
S. 115: Maler © Getty Images/E+/South_agency; Grafik © Getty Images/iStock/Normform; Publikum © Getty Images/The Image Bank/Ryan McVay; Zeichnung © Shutterstock.com/Ezz Mika Elya
S. 121: Piktogramme © Getty Images/iStock/GreenTana; Werken © Hein Nouwens - stock.adobe.com
S. 123: Buttons © cbies - stock.adobe.com
S. 124: Soldat © Getty Images/iStock/zabelin
S. 125: Turm © Getty Images/iStock/Gutzemberg
S. 126: Zebra © Thinkstock/iStock/Coldimages

Illustrationen: Michael Mantel, Barum
Bildredaktion: Natascha Apelt, Hueber Verlag, München

Audios:
Teil 3: Hörtexte zum Arbeitsbuch Lektionen 13 – 18
Teil 4: Hörtexte zum Arbeitsbuch Lektionen 19 – 24
© 2025 Hueber Verlag GmbH & Co. KG, München, Deutschland – Alle Urheber- und Leistungsschutzrechte vorbehalten. Kein Verleih! Keine unerlaubte Vervielfältigung, Vermietung, Aufführung, Sendung. Keine Haftung für Schäden, die bei unsachgemäßer Bedienung des Abspielgeräts bzw. der Software hervorgerufen werden können.

Sprecherinnen und Sprecher: Angelika Bender, Stefanie Dischinger, Peter Frerich, Walter von Hauff, Verena Rendtorff, Manuel Scheuernstuhl, Patricia Strasburger, Peter Veit

Produktion: Atrium Studio Medienproduktion GmbH, München; Tonstudio Graf, Puchheim; Scheune München mediaproduktion GmbH, München